竹垣のデザイン

写真＝鈴木おさむ／文＝吉河 功

〈目次〉CONTENTS

はじめに――

吉河　功

竹とは、まことに用途の広い便利な植物である。その利用法は多種多様であり、生活用具としても古くから加工されてきた。

また、細目の竹を切ってそれを地面に差し込み、横にも竹を当てて結び止めたような柵は、簡単な仕切りや防御用の柵として、竹のあるところならば、どこの国でも古くから造られていたはずである。中国でも、古い文献に「竹柵」という語が見られる。

では「竹垣」という語はどうか。これまでに調べた限りでは、どうも中国には「竹垣」という表現は存在していなかったらしい。

竹を単に仕切や防御用に使うのならば、竹柵、竹矢来の類で十分その用は達せられる。

しかし、それを美的で繊細な造形にまで高め、庭園の景として生かしてきたのは、おそらく日本人ではないだろうか。それが「竹柵」と「竹垣」の違いであると、筆者は秘かに考えている。

最近では作例が少なくなったとはいえ、実際今日でも竹垣の種類はまことに多い。

一種の竹垣でも、そのデザインには色々な変化があるので、造形的にはゆうに百種は超えると思われる。

どうしてこのように竹垣の造形が発達してきたのか……。それには色々な理由があるけれども、文化面からいうならば、桃山時代に茶の湯が成立し、それにしたがって茶庭（路

地)が造られるようになって以来、茶の心につながる風雅な造形として竹垣が好まれたことは、特筆されなければならないと思う。

また、茶禅一味というように、茶は禅の精神を根底としていた。だから、禅寺のなかで一部の仕切や囲いなどとして造られていた竹垣が、風流なものとしてもてはやされ、茶庭や一般の庭園に取り入れられて行ったことも十分に考えられる。

今日でも、建仁寺垣、大徳寺垣、金閣寺垣、龍安寺垣、などといった禅寺の名称の付いた竹垣が多いのは、その一つの証拠であるといえよう。

青竹の持つ、あの何ともいえぬ新鮮なすがすがしさも日本人の好みに合い、一昔前までは新年を迎える準備として、庭の四つ目垣などを造り替えることも、かなり普通に行われていた。目出たい門松も、青竹なくしては完成しない。

しかしまた、枯れて茶色に変化した竹肌の持つ侘びた風合いも、捨てがたい竹垣の魅力の一つとなっている。青竹の時期よりも、この茶色の時代の方がはるかに長いのだから、むしろこの時こそが、本当の竹垣の色であり造形であるともいえるのである。

素材の面からいえば、日本には竹垣の工作に最も向く、良質のマダケが多く産したことも、竹垣を発達させた一因であるといえるで

あろう。マダケは、真っすぐで、節間が長く、肉が薄いので、押縁や玉縁には特に向いており、その細竹は、いわゆる唐竹として、四つ目垣などの主要な材料となっている。

その点、主にタケノコを採るモウソウチクは、幹はマダケより少々劣っているが、枝がしなやかなので、竹穂垣の素材として用途が広い。

本書は、以上のような日本独自の造形というべき竹垣の各種のデザインを、美しいカラー写真で見て頂くことを目的としたものである。幸い、写真家の鈴木おさむ氏が、竹垣の美に魅せられ、長年撮影してこられたものを提供されたので、その中から約240点程の写真を選び紹介することができた。

また私の本文では、鈴木氏の写真を補足する意味で、各竹垣を解説し、モノクロ写真によってその他の作品例なども見て頂くことにした。これまでに多少、竹垣について研究し、実際の創作にも当ってきた経験が本書に生かされ、皆様の参考になるならば、筆者としてこれ以上の喜びはない。

PREFACE—

Isao Yoshikawa

Bamboo, *take* in Japanese, is truly a versatile plant, one that has been put to practical use in numerous ways since ancient times. Thin bamboo poles inserted in the ground and interlaced with horizontal bamboo pieces to form a simple partition or a defensive barricade have probably been made in every country in which bamboo is found. There is even an old Chinese book entitled *Zhuzha* (Bamboo Fences).

The word in this title, written with the ideographs for "bamboo" and "stockade, fence," exists in both Chinese and Japanese; the Japanese pronunciation is *takesaku*. However, the combination of ideographs used to write the Japanese word *takegaki*, another word for bamboo face, seems not to exist in Chinese, as far as I have been able to ascertain. *Takesaku*, along with *takeyarai*, refers to bamboo structures used as simple partitions and defensive barricades. It is my feeling that the difference between *takesaku* and *takegaki* is found in the aesthetic, finely constructed fences enlivening the scenery of a garden that are perhaps unique to Japan, to which the latter word refers. In the remainder of this essay, "bamboo fence" will be used to indicate *takegaki*, the subject of this book.

While their construction has decreased in recent years, it is still true today that bamboo fences exist in great variety. Since a given style may have several subtypes, there are probably well over a hundred different kinds of bamboo fences. How did such variation arise? From the cultural standpoint, one of the most important reasons is the development of the tea ceremony during the Momoyama period (1573—1603) and the concomitant development of the design of tea ceremony gardens, an important component of which, the elegant bamboo fence, came to be much beloved by adherents to the tea ceremony. It is also thought that because of the intimate relationship between the tea ceremony and Zen Buddhism, certain of the partitions and enclosures used in Zen temples were considered refined and thus began to be used in tea ceremony gardens and the gardens of ordinary homes. Evidence for the Zen origins of bamboo fences is found in the fact that several styles are named after Zen temples; the kenninji fence, the daitokuji fence, the ginkakuji fence, the ryōanji fence, and others.

The freshness of new bamboo is much admired by the Japanese, to the extent that until only a decade or so ago, people often rebuilt the bamboo fences of their gardens in preparation for the New Year. In the present day as well, the traditional New Year's pine decoration, or *kadomatsu*, would not be complete without freshly out bamboo. Yet the austere feel of dried, brown bamboo gives it an appeal that makes fences constructed of it difficult to dispose of easily. Because the lifetime of old, brown bamboo is much longer than that of the fresh, fences constructed of the former are considered true bamboo fences.

Another reason behind the widespread development of bamboo fences was the large-scale cultivation of *ma-dake* bamboo, the most suitable variety for fence construction. *Ma-dake* bamboo is thin and perfectly straight, and the space between two successive joints is large, making it particularly good for the horizontal frame poles and beading (the decorative molding along the top of a fence). Also called *Gara-dake* bamboo, *ma-dake* bamboo is the material of choice for the four-eyed (*yotsume-gaki*) fence and other fences. Another widely used variety is *mōsōchiku* bamboo. Although the trunk of this species is inferior to that of *ma-dake* bamboo, its branches are pliant, giving it wide use in the making of bamboo branch fences (*takeho-gaki*).

It is fortunate for us that the photographer whose work appears in this volume, Mr. Osamu Suzuki, was so captivated by the beauty of bamboo fences. Presented here are some 250 photographs from his collection taken over many years, showing in beautiful color the design of various bamboo fences whose construction is unique to Japan.

My contribution to this book is supplementary to Mr. Suzuki's. Using line drawing, I will attempt to explain some of the research I have been able to do on bamboo fences. I hope that readers will find the book useful and enjoyable.

The Bamboo Fences of Japan
Photographs : Osamu Suzuki©
Text & Drawing : Isao Yoshikawa©
Design & Layout : Shigenori Tanaka

First Edition March 1988
ISBN4-7661-0474-9

Graphic-sha Publishing Company Ltd.
1-9-12 Kudan-Kita Chiyodaku-Tokyo 102, Japan
Phone 03-263-4310
Fax 03-263-5297
Telex J29877 Graphic

Printed Japan by Kinmei Printing Co., Ltd.

Editor's note: Where possible in the main text of
the book, fence names and terminology have been
translated into English, to avoid having to use long
sequences of romanized Japanese words and to
give readers a better image of the fence and its
parts. The Japanese fence names are given in
romanization at the beginning of each section, and
the Japanese words for structural parts of the fence
are given in parentheses in the text after the Eng-
lish translation. In the captions, however, only
romanized Japanese is used for the words for struc-
tural parts, to save space.

建仁寺垣

KENNINJI-GAKI
(KENNINJI FENCE)

遮蔽垣の中では各地で最も普通に造られている垣で、縦横に竹を組んだ造形に、スッキリとした美しさがある。その構造には竹垣の基本技術が多く含まれている。

京都の臨済禅宗の古刹建仁寺に、最初に造られたと伝えられるところからその名があるが、はっきりしたことは明らかでない。

真・行・草の三形式があって、通常は上部に玉縁のある、真形式が多く造られている。押縁を何段に用いるかで地方色がある。

Employing many of the basic techniques of bamboo fence construction, the kenninji fence is the most commonly made screening fence (*shahei-gaki*) in Japan. Its horizontal and vertical elements are combined in such a way as to give it a streamlined beauty. The original fence is said to be the one at Kenninji, the old Rinzai Zen temple in Kyoto, although it is not certain that this fence was actually the first.

There are three types of kenninji fence : *shin*, *gyō*, and *sō* (terms borrowed from calligraphy : *shin* is the standard, "straight" style ; *sō* a freer "cursive" style ; and *gyō* an intermediate style). The most common is the *shin*, which has beading (*tamabuchi*) at the top. The number of horizontal support poles (*oshibuchi*) used for the kenninji fence varies according to the region of the country.

太めの押縁を四段に掛けた関西形式の建仁寺垣。(福岡市・清楽寺)
Kansai-style kenninji fence with four stout *oshibuchi* (Seirakuji Temple, Fukuoka)

モミジの幹を取り込んだ四段押縁の建仁寺垣。(神奈川県・箱根)
Four-tiered kenninji fence built naturally "around" a maple trunk (Hakone, Kanagawa Pref.)

五段押縁を割竹三枚合わせとした建仁寺垣。(高松市・栗林公園)
Kenninji fence with five-*oshibuchi* of three-layered split bamboo (Ritsurin Park, Takamatsu)

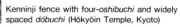

胴縁割間を広くとった四段押縁の建仁寺垣。
（京都市・宝篋院）
Kenninji fence with four-*oshibuchi* and widely
spaced *dōbuchi* (Hōkyōin Temple, Kyoto)

唐竹二本合わせの押縁をかけた丸竹立子の建
仁寺垣。（名古屋市・名城公園）
Kenninji fence with double *oshibuchi* and
round-bamboo *tateko* (Meijō Park, Nagoya)

特別に高く造った大規模な五段押縁建仁寺垣。
（京都市・二条城）
Tall five-tiered kenninji fence (Nijō Castle, Kyoto)

名園の塀に代えて造られた大規模な五段押縁の建仁寺垣。（東京都・浜離宮）
Tall five-tiered kenninji fence, used in place of a garden wall (Hama Rikyū Garden, Tokyo)

どこまでも続く同上建仁寺垣の美景。（東京都・浜離宮）
Kenninji fence (Hama Rikyū Garden, Tokyo)

立子に唐竹を用いた五段押縁の建仁寺垣。（東京都・浜離宮）
Kenninji fence with *tateko* of *gara-dake* bamboo (Hama Rikyū Garden, Tokyo)

最も一般的な五段押縁の関東形式
建仁寺垣。（稲城市）

最も一般的な五段押縁の関東形式
建仁寺垣。（稲城市）
The most common type of
five-tiered Kantō-style kenninji
fence (Inagi)

13

玉縁の飾り結びを長く垂らした形式の建仁寺垣。(新座市)
Kenninji fence with low-hanging decorative *tamabuchi* (Niiza, Saitama Pref.)

園内を区切る景として生かされた建仁寺垣。
(武蔵野市・観音禅院)

目隠しとして造られた細竹押縁の建仁寺垣。(東京都)
Kenninji fence with fine-bamboo *oshibuchi*, used as a blind (Tokyo)

塀に添えて造った短い五段押縁の建仁寺垣。
(小金井市・三光院)

14

Kenninji fence used as a partition within a garden
(Kannonzenji Temple, Musashino)

Small five-tiered kenninji fence, a continuation of a wall
(Sankōin Temple, Koganei)

建仁寺垣図　*KENNINJI-GAKI*

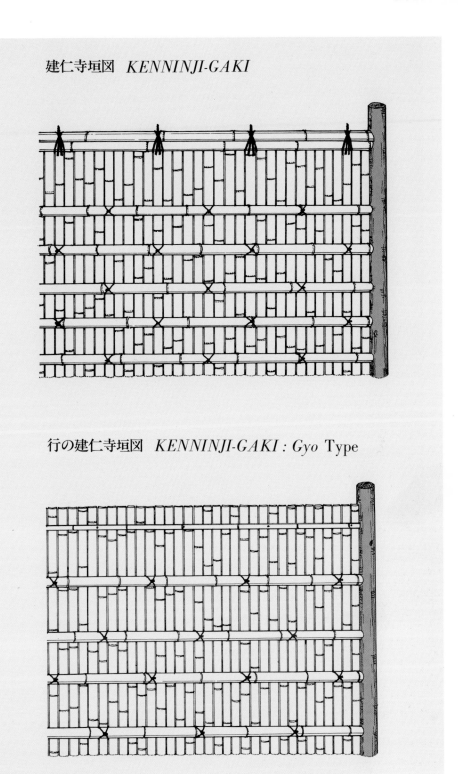

行の建仁寺垣図　*KENNINJI-GAKI : Gyo* Type

15

上部の玉縁を省略した形式の行の建仁寺垣。(高松市・栗林公園)

Gyo kenninji fence without *tamabuchi* at the top (Ritsurin Park, Takamatsu)

上に板製の屋根を掛けた五段押縁の行の建仁寺垣。(高松市・栗林公園)

Five-tiered kenninji fence with a board roof (Ritsurin Park, Takamatsu)

下部を四つ目垣とした関東好みの下透かし建仁寺垣。(東京都・蓮花寺)
Kenninji fence with see-through four-eyed fence at the bottom, popular in the Kantō region (Rengeji Temple, Tokyo)

太い押縁を三段に掛けた建仁寺垣。下に丸太を用いる。(京都市・龍安寺)
Kenninji fence with three stout *oshibuchi* and logs at the bottom (Ryōanji Temple, Kyoto)

銀閣寺垣

GINKAKUJI-GAKI
(GINKAKUJI FENCE)

この竹垣は、建仁寺垣を低く造った形式に近く、押縁を二段ほどに掛けるものが多い。正式な作では、建仁寺垣とやや異る構造を持っているが、今日では、低目の建仁寺垣を銀閣寺垣と呼ぶのが普通になっている。京都の名高い禅寺・慈照寺（通称・銀閣寺）の、門外と、総門から続く参道石垣の上に長く造られているものを本歌とするので、銀閣寺垣の名が出た。石垣や、土坡の上に造って最も美しい垣といえよう。

The ginkakuji fence takes its name from the famous Zen temple in Kyoto, also known as Jishōji. The fence there is found atop a stone fence in the outer grounds and on the approach to the temple from the main gate.
Although there are some technical differences in construction, the ginkakuji fence, usually made with two horizontal support poles (*oshibu-chi*), is very similar to a low kenninji fence, and low versions of the latter are today generally called ginkakuji fences. Resting on walls of stone or earth, this bamboo fence is perhaps the most beautiful one of all.

太いマダケを用いた本歌の銀閣寺垣。(京都市・慈照寺)
The original ginkakuji fence, of *Madake* bamboo (Jishōji Temple, Kyoto)

参道の石垣上に長く造られた本歌銀閣寺垣の景。
（京都市・慈照寺）
The original ginkakuji fence,
atop a stone wall (Jishōji Temple, Kyoto)

坂に沿って変化ある構成を見せる銀閣寺垣。（京都市・法然院）
Atypical ginkakuji fence along a slope
(Hōnen'in Temple, Kyoto)

本歌とほとんど同形式に造られた銀閣寺垣。
（八日市市・招福楼）
Ginkakuji fence almost identical to the original
(Shōfukurō, Yōkaichi)

清水垣
SHIMIZU-GAKI
(SHIMIZU FENCE)

建仁寺垣とよく似た構造の垣であり、立子に細い清水竹をそのまま使っているところに特色がある。清水竹は、女竹の一種である篠竹を加工した製品で、細いために繊細で優美な感覚がある。半面、外部での保存にはやや難があるようだ。

これと同形式の垣で、よしずや、篠竹の晒竹や、唐竹を使用した垣もよく見かけるが、立子が細目の丸竹の場合は、これらも清水垣の仲間と考えてよい。

The shimizu fence is constructed of *shimizu-dake* bamboo, a processed form of *shino* bamboo. The structure of the fence is similar to that of the kenninji fence, with the fine *shimizu-dake* serving as the vertical poles (*tateko*). The slenderness of *shimizu-dake* gives it a very beautiful appearance, but also makes upkeep of the fence rather difficult.

Fences similar to the shimizu fence (and its relatives, because of their fine, round vertical poles) are those made of reed, *sarashi-dake* bamboo (bamboo dried over a flame and oiled), or *gare-dake* bamboo.

細い晒竹を立子として用いた清水垣形式の垣。(東京都・蓮花寺)
"Shimizu fence" with *tateko* of fine *sarashi-dake* bamboo (Rengeji Temple, Tokyo)

晒竹の丸竹を立子と押縁に使った清水垣形式の垣。(東京都・京王百花園)
"Shimizu fence" with *tateko* and *oshibuchi* of round bamboo (Keiō Hyakkaen, Tokyo)

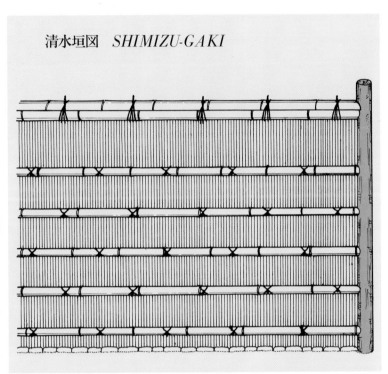

清水垣図　*SHIMIZU-GAKI*

少し荒いが清水竹を使った清水垣の作例。(鎌倉市・海蔵寺)
A somewhat coarse shimizu fence of *shimizu-dake* bamboo (Kaizoji Temple, Kamakura)

立子に細い篠竹を用いた清水垣形式の垣。(鎌倉市)
"Shimizu fence" with *tateko* of fine *shino* bamboo (Kamakura, Kanagawa Pref.)

よしずを立子として張り込んだ清水垣形式の垣。(鎌倉市)
"Shimizu fence" with *tateko* of reed (Kamakura)

木賊垣
とくさがき

TOKUSA-GAKI
(TOKUSA FENCE)

木賊とは草のトクサのことで、竹を縦に並べて用いた姿が、庭などによく植えられるトクサのようだというところから、木賊垣の名がでた。塀などに竹を縦張りにしたものも多く、これを古来「木賊張り」といっている。立子には、太めのマダケを半割りにしたものを使い、塀などの場合は、これを釘止めとするが、木賊垣ではこれに美しくデザイン的に染縄を掛ける。その縄の掛け方に各種があって、この竹垣の見所となっている。

Tokusa is the word for a kind of rush. The tokusa fence is not in fact made of this plant, but is so named because the vertical row of bamboo resembles rushes, so often found growing in gardens. The word is also found in the old term *tokusa-bari*, which referred to walls of bamboo with this vertical arrangement.
The vertical poles (*tateko*) are of relatively large *ma-dake* bamboo split in half lengthwise. For ordinary walls, these would be fastened together with nails. In the making of the tokusa fence, however, beauty is maintained by joining the bamboo with colored twine. There is a variety of styles for tying the twine, making this aspect of the tokusa fence its most striking feature.

敷地を囲って大規模に造られた木賊垣。(大阪・万国博記念公園)
Large tokusa fence enclosing an area of land (Expo '70 Memorial Park, Osaka)

民家の仕切りとしての木賊塀。染縄結びが見所。(東京都)
Tokusa fence with dyed twine, between houses (Tokyo)

木賊垣図　*TOKUSA-GAKI*

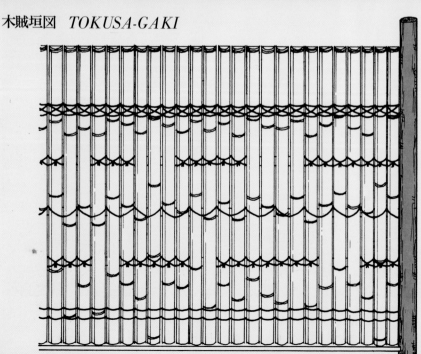

丸太柱で区切った形式の段差をつけた木賊塀。（小金井市・三光院）
Tokusa wall of alternating heights separated by log posts (Sankōin Temple, Koganei)

枯れた竹の色が味わい深い見事な木賊塀。（京都市）
Tokusa wall exhibiting the beautiful color of dried bamboo (Kyoto)

細目の割竹をしっかりと張りこんだ木賊塀。（福岡市・清楽寺）
Tokusa wall with fine split bamboo perfectly lined up (Seirakuji Temple, Fukuoka)

23

鉄砲垣
(てっぽうがき)

TEPPŌ-GAKI
(TEPPŌ FENCE)

柱の間に胴縁を渡し、それに立子を、表裏表裏というふうに取り付けて行く形式を、竹垣用語で「鉄砲付け」という。そこから、鉄砲垣の名称も起こった。ただこの垣は、通常立子を数本ずつ一組として表裏に用いることが多く、主として目隠し用に造られるので、一応遮蔽垣に分類できる。しかし、時には太竹の立子を一本ずつ表裏に結んだ、透かし垣として造られることもある。また、袖垣としても、作例の多い竹垣といってよい。

The term teppō-zuke, "with teppō (rifle barrels) attached" is a term in bamboo fence-making that refers to a fence with vertical poles (takeko) arranged alternately in front and back of a horizontal frame. This is the origin of the name teppō fence, although most such fences have the vertical poles so arranged in groups of a set number rather than one by one.

Since the teppō fence is used mainly to prevent people of the outside from seeing in, it is generally classified as a screening fence (shahei-gaki). However, it can also be made as a see-through fence (sukashi-gaki), with single large bamboo poles arranged alternately in front and back. Wing fences (sode-gaki) are commonly made in the teppō fence style as well.

五本と三本の丸竹立子を見せる玄関脇の鉄砲垣。(横浜市・覚永寺)
Teppō fence by the entrance to a house, with tateko in groups of three and five (Kakueiji Temple, Yokohama)

太いモウソウチクの立子を一本ずつ用いた鉄砲垣。(京都市・龍安寺)
Teppō fence with tateko of stout mōsōchiku bamboo arranged alternately one by one (Ryōanji Temple, Kyoto)

二本合わせの細竹胴縁を用いた五本立子の鉄砲垣。(東京都・浜離宮)
Teppō fence with paired dōbuchi of thin bamboo and tateko in groups of five (Hama Rikyū Garden, Tokyo)

表側を三本立子とした門脇の鉄砲垣。(調布市・神代植物園)
Teppō fence with front *tateko* in groups of three (Jindai Botanical Garden, Chōfu)

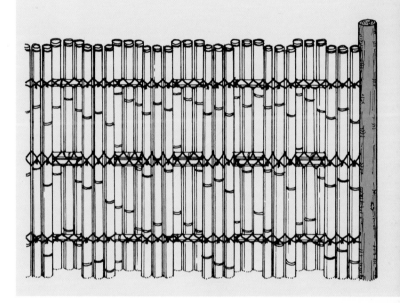

鉄砲垣図　*TEPPŌ-GAKI*

上下の胴縁を吹き寄せにした七本立子の鉄砲垣。(神奈川県・箱根)
Teppō fence with two *dōbuchi* grouped together and *tateko* in groups of five
(Hakone, Kanagawa Pref.)

立子の上部を乱れ形式とした珍しい鉄砲垣。(京都市・光悦寺)
Unusual teppō fence with *tateko* uneven at the top (Kōetsuji Temple, Kyoto)

モウソウチクの立子を荒く結んだ鉄砲垣。(鎌倉市・東慶寺)
Teppō fence with *tateko* of *mōsōchiku* bamboo of irregular size and shape (Tōkeiji Temple, Kamakura)

池際の景として極く短く造られた鉄砲垣。(東京都・靖国神社)
Very short teppō fence beside a pond (Yasukuni Shrine, Tokyo)

クロモジの枝を松明形式に束ねた立子の鉄砲垣。(京都市)
Teppō fence with *tateko* of spicebush (*kuromoji*) branches bound together in the shape of torches (*taimatsu*) (Kyoto)

南禅寺垣

NANZENJI-GAKI
(NANZENJI FENCE)

歴史的には非常に新しい竹垣で、京都の臨済禅宗の大本山・南禅寺の本坊方丈裏庭に造られているものを本歌とする。

後に紹介する萩垣と大津垣をミックスしたような形式であり、これと同じ造りのものは他ではめったに見かけない。普通は略式として、建仁寺垣の間に、竹穂を入れたような形のものが多いようである。

しかし、立子はやはり本歌のように大津垣形式に組んだ方が味わい深いとおもう。

Very new from the historical standpoint, the nanzenji fence takes its name from the fence in the back garden of the head priest's quarters of Nanzenji, the head temple of Rinzai Zen. The fence is a mixture of the styles of the bush clover fence and ōtsu fence and is rarely seen in other fences. Most nanzenji fences appear somewhat like a kenninji fence with bamboo branches inserted, although the quintessential types are those like the original whose vertical pieces (tateko) are assembled in the manner of the ōtsu fence.

割竹立子を編み込んだ中に、ハギの枝を配した本歌南禅寺垣。
(京都市・南禅寺)

The original nanzenji fence, with bush clover (hagi) branches distributed among the split-bamboo tateko (Nanzenji Temple, Kyoto)

建仁寺垣の中に竹穂を用いた南禅寺垣。(町田市・高蔵寺別院地蔵堂)

Nanzenji fence: a kenninji fence with bamboo branches inserted (Kōzōji Temple Betsuin, Machida)

晒竹と竹穂による南禅寺垣形式の垣。(小平市)

Nanzenji-style fence, with sarashi-dake bamboo and bamboo branches (Kodaira, Tokyo)

黒文字垣
（くろもじがき）

KUROMOJI-GAKI
(SPICEBUSH FENCE)

クロモジの枝を組子とした垣の総称であるが、正式な作では枝を立子として用いる。枝は一本一本曲がりを直して、真っすぐにして使うので大変に手間がかかり、材料も今日では少なくなっているため、桂垣（かつらがき）などと共に最も高価な竹垣になってしまった。大きな分類では、次の萩垣も含めて柴垣（しばがき）の一種に入る。柴垣（しばがき）の類は雑木の枝を用いたもので、平安時代以前から造られていた伝統的な垣として知られている。

The term *kuromoji-gaki* is used for fences with frets (*kumiko*) made from the branches of the spicebush (*Lindera umbellata*) although properly the term refers to fences whose vertical pieces (*tateko*) are made from such branches. Because of the painstaking effort required for this process and the short supply of materials, the spicebush fence, along with the katsura fence, is one of the most expensive.

The spicebush fence is one type of brushwood fence (*shiba-gaki*) a class of fences that are made from fhe branches of various trees and that have a history predating the Heian period (794—897)

太割竹の三段押縁を掛けた屋根付きの黒文字垣。（京都市）
Spicebush fence with roof and three *oshibuchi* of stout split bamboo (Kyoto)

前庭通路を飾る五段押縁の黒文字垣。（京都市・桂離宮）
Five-tiered spicebush fence lining the path of a front garden (Katsura Imperial Vila, Kyoto)

萩垣
HAGI-GAKI
(BUSH CLOVER FENCE)

柴垣の一種で、ハギの枝を立子として使用したもの。黒文字垣が力強い感覚であるのに対して、萩垣は枝が細いために、特に女性的で繊細な感覚があり、そのために主として袖垣などに多用される。

このような柴垣の類は、野趣に富んだ景色に特色があるため、上部には玉縁を掛けないのが一つの味わいである。中には、上をわざと不ぞろいにして、自然な感じを強調している作も見られる。

The bush clover fence is another type of brushwood fence (*shiba-gaki*). Its name is derived from the fact that its vertical pieces (*tateko*) are made from branches of the *hagi*, or Japanese bush clover (*Lezpedeza bicolor*). In contrast to the sturdy appearance of the spicebush fence, the thin branches of the bush clover fence give it a slender, feminine look, such that it is used mainly for wing fences (*sode-gaki*).

The bush clover fence is often given a rustic air by leaving off the beading (*tamabuchi*) at the top. Occasionally, this natural aspect is further emphasized by purposely making the top of the fence uneven.

竹林を仕切る野趣豊かな三段押縁の萩垣。(水戸市・偕楽園)
Rustic bush clover fence with three *oshibuchi*, used as a partition in a bamboo grove (Kairakuen Park, Mito)

回廊際に長く造られた低い萩垣。(京都市・龍安寺)
Low bush clover fence along a corridor (Ryōanji Temple, Kyoto)

下部を四つ目垣とした下透かしの萩垣。(東京都・神代植物園)
Bush clover fence with see-through four-eyed fence at the bottom (Jindai Botanical Garden, Tokyo)

29

竹穂垣
TAKEHO-GAKI
(BAMBOO BRANCH FENCE)

竹穂とは、竹垣用語では通常竹枝のことを意味している。竹穂を使用した垣はまことに多く、本来はそのすべてが竹穂垣ということになるが、特殊な構造の垣も多いために、特別の名称のあるもの（例えば桂垣、大徳寺垣など）は別として、それ以外のものを竹穂垣と総称している。

竹枝は、加工に適する柔らかさのあるものがよく、モウソウチク、ハチク、クロチクが主に使われている。

Takeho, which literally means "ear or head of bamboo," is a term used in bamboo fence-making to refer to bamboo branches. Since many fences employ bamboo branches, making it possible for all of them to be called "bamboo branch fences," the name is used for fences that include bamboo branches in their construction other than those with specific names of their own, such as the katsura fence and the Daitokuji fence.

Variations on the bamboo fence exist, some fences made of stouter branches, some of more delicate ones. Pliant bamboo branches, which lend themselves well to the making of these fences, are those of the *mōsōchiku*, *hachiku*, and *kurochiku* varieties of bamboo.

枯山水の景として造った三段押縁の竹穂垣。（京都市・南禅寺）
Bamboo branch fence with three *oshibuchi*, in a dry landscape garden (Nanzenji Temple, Kyoto)

庭園の背後を飾る三段押縁の竹穂垣。(鎌倉市・鶴岡八幡宮)
Three-tiered bamboo branch fence in the background of a garden (Tsurugaoka Hachimangū Shrine, Kamakura)

二重に造った太目の竹穂による竹穂垣。(東京都・品川歴史館)
Bamboo branch fence of stout bamboo branches in pairs (Shinagawa Historical Museum, Tokyo)

柱を竹穂で巻いた形式の四段押縁竹穂垣。
（八幡市・松花堂）

Four-tiered bamboo branch fence with bamboo
branches wrapped around the posts (Shōkadō,
Yawata, Kyoto Pref.)

上部に細竹の振れ止めを掛けた四段押縁の竹穂垣。
（東京都・小金井市）

Four-tiered bamboo branch fence fine bamboo
furedome at the top (Koganei, Tokyo)

門の左右を飾る五段押縁の竹穂垣。
（鎌倉市・東慶寺）

Five-tiered bamboo branch fence
flanking a gate (Tōkeiji Temple, Kama-
kura)

細目の五段押縁に細割竹の振れ止めを掛けた黒穂の竹穂垣。(東京都・蓮花寺)
Black bamboo branch fence with five *oshibuchi* of thin bamboo and a fine split-bamboo *furedome* (Rengeji Temple, Tokyo)

背の高い竹穂を用いた四段押縁の竹穂垣。(鎌倉市)
Four-tiered bamboo branch fence made of long branches (Kamakura)

中央の押縁を吹き寄せとした六段竹穂垣。(鎌倉市)
Six-tiered bamboo branch fence whose middle *oshibuchi* are clustered together (Kamakura)

竹林の中に長く造られた二段押縁の竹穂垣。(京都市・嵯峨野)
Long two-tiered bamboo branch fence in a bamboo grove (Sagano, Kyoto)

園路に沿って続く野趣味豊かな竹穂垣。(京都市・大河内山荘)
Rustic bamboo branch fence along a garden path (Ōkōchi Sanso, Kyoto)

上部の押縁間に斜めの小枝を入れた竹穂垣。(福岡市)
Bamboo branch fence with twigs inserted diagonally between the upper *oshibuchi* (Fukuoka)

中央部に菱目の透かしを見せた竹穂垣。(横浜市)
Bamboo branch fence with diamond-shaped see-through holes in the middle section (Yokohama)

竹穂の節を美しく揃えた二段式竹穂垣。(京都市・落柿舎)
Bilevel bamboo branch fence with bamboo joints beautifully arranged (Rakushisha, Kyoto)

黒穂を下向きに用いた低目の竹穂垣。(鎌倉市)
Low-lying bamboo branch fence with black bamboo manipulated
downward (Kamakura)

太目の竹穂を下向きにさばいた三段押縁の竹穂垣。(鎌倉市)
Three-tiered bamboo branch fence with branches
manipulated downward (Kamakura)

竹穂垣図　*TAKEHO-GAKI*

竹穂を荒めの立子として用いた竹穂垣。(浜松市・浜松城公園)
Bamboo branch fence with coarse bamboo-branch *tateko* (Hamamatsu Castle Park, Hamamatsu)

建仁寺垣の上部を竹穂垣とした形式の垣。(京都市・龍安寺)

Combination kenninji (at the bottom) and bamboo branch fence (Ryōanji Temple, Kyoto)

竹穂を横使いの組子とした特殊な垣。(京都市・大河内山荘)
Special fence using bamboo branches as horizontal *kumiko* (Ōkōchi Sanso, Kyoto)

黒穂を下向きに使った四段押縁の竹穂垣。(鎌倉市)
Four-tiered with bamboo branch fence with black branches manipulated downward (Kamakura)

桂垣
かつら がき

KATSURA-GAKI
(KATSURA FENCE)

桂垣は、江戸初期の名園として名高い京都市桂離宮の外側に造られているものを本歌とする。本来は、今も桂川に面して造られているハチクの生垣をいったものであり、竹垣は「穂垣」といった。だが、今日では竹垣の方を桂垣ということが全国的に定着しているので、ここでもそれにしたがっておく。

本歌の桂垣はまことに凝った造りで、竹の太枝と小枝で、市松模様になるように枝をさばいている。しかし一般的には略式が多い。

The katsura fence takes its name from the fence surrounding the Katsura Imperial Vila in Kyoto, a famous park since the early seventeenth century. The fence used to be called *ho-gaki* (bamboo branch fence), the name *katsura-gaki* being reserved for a hedge of black bamboo (*hachiku*) along the Katsura River in Kyoto. Because *katsura-gaki* is now used throughout Japan to refer to the bamboo fence, however, this is the term we will use here.

The workmanship of the original katsura fence is very intricate : rows of large and fine bamboo branches are arranged alternately to form a checkered pattern. In general, however, the fences today are not made so elaborately.

離宮の外観を飾る壮大な規模の本歌桂垣。(京都市・桂離宮)
The stately original katsura fence (Katsura Imperial Vila, Kyoto)

本歌桂垣は、竹の小枝を一段ごとに市松にさばく。（京都市・桂離宮）
The somewhat faded check-like pattern of the original katsura fence (Katsura Imperial Vila, Kyoto)

立ち並ぶ押縁がこの垣の美しさを強調している。（京都市・桂離宮）
Oshibuchi emphasizing the beauty of the katsura fence (Katsura Imperial Vila, Kyoto)

庭園の背後に造られた桂垣の景。
（鎌倉市・鶴岡八幡宮）

低目に造られた桂垣の風雅な雪景色。(小平市・いろりの里)
The elegance of low-lying katsura fence in winter (Irori-no-sato, Kodaira)

Katsura fence using black bamboo branches, in the background of a garden
(Tsurugaoka Hachimangū Shrine, Kamakura)

黒穂を用いた同上桂垣の細部。(小平市・いろりの里)
Detail of the above fence (Irori-no-sato, Kodaira)

御簾垣
MISU-GAKI
(BAMBOO SCREEN FENCE)

昔、建物内で貴人が用いた、御簾の形に似ているところからその名が出た。簾垣という別名もある。形式としては、前の桂垣を簡略化したものとも考えられよう。

この垣は、柱に溝を掘り、そこに晒竹の組子を横にはめ込んでいくのが最大の特色であり、それに縦の押縁を掛けたところが簾のように見える。晒竹は少々雨に弱いきらいはあるが、優雅で軽快な感覚が好ましく、関東方面では特に多くの作例が見られる。

The *misu-gaki* is so named because it resembles the bamboo screens (*misu*) used inside the homes of the nobles of earlier centuries. The fences are also called *sudare-gaki*, *sudare* being a synonym of *misu*. The bamboo screen fence can be thought of as an abbreviated form of the *katsura* fence.

The most distinguishing feature of the construction of this fence is the fretwork: grooves are made in the posts, into which horizontal frets (*kumiko*) of *sarashi-dake* bamboo (bamboo dried over a flame and oiled) are inserted. Vertical support poles (*oshibuchi*) are attached to the frets, giving the fence the appearance of a bamboo screen. Although *sarashi-dake* does not hold up well exceptionally well in the rain, the light elegance of the fence makes up for this weakness. Many bamboo screen fences are found in the Kantō region.

庭内の仕切りとして生かされた瓦屋根のある御簾垣。
（鎌倉市・鶴岡八幡宮）
Tile-roofed bamboo screen fence partitioning a garden
(Tsurugaoka Hachimangū Shrine, Kamakura)

押縁を晒竹二本合わせとして変化を付けた御簾垣。（小金井市）
Bamboo screen fence with paired *oshibuchi*
of *sarashi-dake* bamboo (Koganei, Tokyo)

傾斜地に段差を付けて用いた御簾垣。(鎌倉市・鶴岡八幡宮)
Bamboo screen fence arranged in stepwise fashion on a slope
(Tsurugaoka Hachimangū Shrine, Kamakura)

押縁の間隔に変化を付けた形式の御簾垣。(多摩市)
Bamboo screen fence with *oshibuchi* spaced unevenly (Tama, Tokyo)

御簾垣図 *MISU-GAKI*

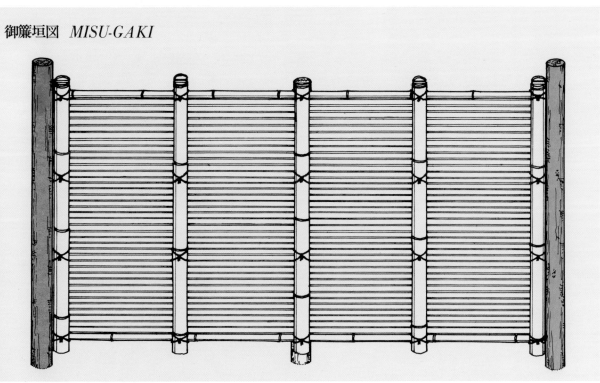

蓑垣
MINO-GAKI
(RAINCOAT FENCE)

蓑垣も竹穂垣の一種と考えられる。ただし今では竹穂を用いるものがほとんどだが、昔は萩の枝などを使う作例も多かった。

その名のように、かつて雨具として広く使われた蓑の形に似た垣で、竹穂を下向きに取り付けて行くところに特色がある。主に小規模の袖垣などとして造られており、関東方面では、クロチクの穂が好まれている。

他の竹垣と組み合わせた造形も多く、半蓑垣、破れ蓑垣などの種類もある。

The raincoat fence is one form of bamboo branch fence, although in earlier times branches of the bush clover (hagi) were also used in its construction. The name mino-gaki is derived from the fence's resemblance to an old straw raincoat, or mino, this appearance the result of the fine bamboo branches hanging down. The raincoat fence is usually made small, for sode-gaki. In the Kantō region, raincoat fences of kurochiku bamboo are popular.

The raincoat fence may be combined with other bamboo fences to make "half" raincoat fences (han mino-gaki). "Broken" raincoat fences (yabure mino-gaki), with uneven bottoms, also exist.

石組の上部に大規模に造られた珍しい蓑垣。(神奈川県・箱根)
An unusual and large raincoat fence atop a rockwork (Hakone, Kanagawa Pref.)

竹穂で葺いた屋根を設け、割竹の玉縁を掛けた蓑垣。（逗子市）
Raincoat fence with bamboo branch-thatched roof split-bamboo *tamabuchi* (Zushi)

門脇を飾る侘びた形式の蓑垣。（神奈川県・箱根）
Subdued raincoat fence beside a gate (Hakone, Kanagawa Pref.)

下部を透かし垣とし、上に細竹押縁を掛けた蓑垣。（小平市）Raincoat fence with see-through
portion at the bottom and fine-bamboo *oshibuchi* at the top (Kodaira)

蓑垣図　*MINO-GAKI*

下を四つ目垣とした半蓑垣。縄掛けに特徴がある。(埼玉県・遠山記念館)
"Half" raincoat fence with four-eyed fence at the bottom and unique twine-work (The Tōyama Kinenkan Foundation, Saitama Pref.)

太く束ねた竹穂を用いた蓑垣。破れ蓑垣に近い感覚。(小平市・いろりの里)
Raincoat fence using large bundles of bamboo branches; perhaps a "broken" raincoat fence (Irori-no-sato, Kodaira)

下部に建仁寺垣を造った典型的な半蓑垣。
(神奈川県・大船フラワーセンター)
Typical "half" raincoat fence, with kenninji fence at the bottom (Ōfuna Flower Center, Kanagawa Pref.)

大津垣
ŌTSU-GAKI
(ŌTSU FENCE)

竹垣には、竹を編み込んで行く構造のものがあり、古くから造られていた。その代表的な垣が網代垣であるが、その一種で今日最も多く造られているのが、この大津垣である。江戸時代に、近江国大津の街道に造られたために、この名がでたというが、正確なことは分かっていない。特色は、縦横編みの造形で、柱間に数本胴縁を渡し、割竹や篠竹をそこに交互に差し込んで行く形式である。別名を「組垣根」ともいう。

The construction of certain very old varieties of bamboo fences involved weaving the bamboo. The most representative woven bamboo fence is the wickerwork fence (*ajiro-gaki*) and the most common wickerwork fence made today is the ōtsu fence, also called *kumi kakine*.

The origin of the name ōtsu fence is not certain, although the name is said to be derived from the fences that during the Edo period (1615—1867) lined the highway passing through the city of Ōtsu in Ōmi Province (present-day Shiga prefecture). In the characteristic construction of the fence, several horizontal frame poles (*dōbuchi*) are attached to posts, and pieces of split bamboo or *shino* bamboo are woven into the poles.

割竹三本合わせの胴縁を用いた最も一般的な大津垣。(京都市)
Typical ōtsu fence, with *dōbuchi* of three pieces of split bamboo (Kyoto)

所どころに裏向きの立子を入れた形式の大津垣。(京都市)
Ōtsu fence with some of the *tateko* facing the rear (Kyoto)

二本合わせの胴縁を三段に用いた大津垣。(調布市・神代植物園)
Ōtsu fence with three *dōbuchi*, each of two pieces of bamboo (Jindai Botanical Garden, Chōfu)

立子を一本おきに差し込み、三段に押縁を掛けた大津垣。(京都市・林丘寺)
Three-tiered ōtsu fence with *tateko* in every-other weave (Rinkyūji Temple, Kyoto)

中央に押縁を掛けた、しゃれた感覚の大津垣。(京都市)
Stylish ōtsu fence with *oshibuchi* in the middle (Kyoto)

篠竹を立子として編み込んだ大津垣の細部。(鎌倉市)
Detail of an ōtsu fence with *tateko* of *shino* bamboo (Kamakura)

太目の丸竹を胴縁とした大胆な構成の大津垣。(京都市・龍安寺)
Bold ōtsu fence with *dōbuchi* of stout round bamboo (Ryōanji Temple, Kyoto)

大津垣図　*ŌTSU-GAKI*

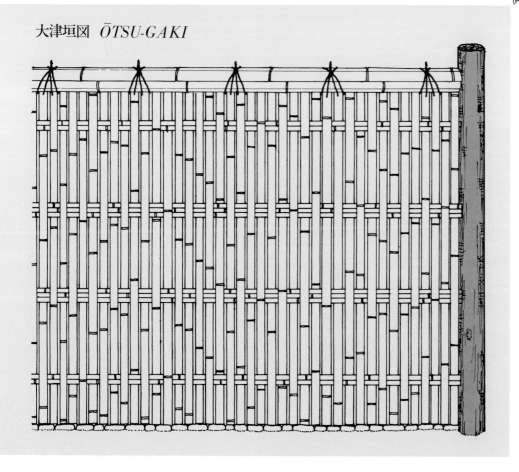

沼津垣
NUMAZU-GAKI
(NUMAZU FENCE)

沼津垣も網代垣の仲間で、この垣の場合、組子を斜めに編み込んで行くのが、大きな特色となっている。

組子には、細い篠竹を使うのが本式のもので、これだと裏表の差ができない。沼津地方で箱根から産する篠竹の一種、ハコネダケを使用してこの垣が多く造られたために、沼津垣の名が付けられた。篠竹の他に、マダケの細割竹を編んだ作例もよく見かけるが、そちらは網代垣とする説もある。

The numazu fence is another variety of wicker-work fence (ajiro-gaki), its most prominent characteristic being the diagonal weave of its frets (kumiko), usually of slender shino bamboo. As a result of this weave the front and the back of the fence appear identical.

The name of this fence is derived from the fact that the veriety of shino bamboo most commonly used in its construction, hakone-dake bamboo, is produced in the area around Numazu City, Shizuoka Prefecture. Finely split ma-dake bamboo is also used to make such fences, although these are classified as wickerwork fences (but not numazu fences) by some.

細い篠竹を荒く斜め編みとした沼津垣。(東京都・後楽園)
Numazu fence with coarse diagonal weave of fine shino bamboo (Kōrakuen Park, Tokyo)

篠竹を編み込み、上方に吹き寄せの押縁を掛けた沼津垣。(沼津市・若山牧水記念館)
Numazu fence with weave of shino bamboo and oshibuchi at the top (Wakayama Bokusui Kinenkan, Numazu)

割竹を編んだ、高さのある沼津垣の作例。(沼津市)
Tall numazu fence with weave of split bamboo (Numazu)

割竹を表裏交互に編んだ沼津垣の細部。(沼津市)
Detail of a numazu fence with split bamboo woven alternately in front and back (Numazu)

割竹の裏側が黒く変色して模様となった沼津垣の細部。(沼津市)
Detail of a numazu fence with whose back-surface bamboo has turned black (Numazu)

四つ目垣

YOTSUME-GAKI
(FOUR-EYED FENCE)

透かし垣を代表する竹垣で、その作例は全国的に最も多い。柱間に数段の胴縁を渡し、そこに表裏から立子を結ぶ形式である。

立子を鉄砲付けとする点では、鉄砲垣の一種ともいえるが、普通胴縁を四段とし、上下に四つの空間ができることから、四つ目垣の名称が起こったと考えられる。構造的には簡単だが、それだけにかえって味わいを出すのは難しい。また真、行、草もある。特に、茶庭の中門付近には不可欠の竹垣とされる。

The four-eyed fence is the most typical see-through fence (*sukashi-gaki*) and the most widely constructed bamboo fence in Japan. Horizontal frame poles (*dōbuchi*) usually four, are attached to the posts, and vertical poles (*tate-ko*) are attached to the horizontal frame, arranged alternately in front and in back of it. Although based on this arrangement the fence could be considered a kind of *teppō* fence, the four vertical spaces resulting from the horizontal frame poles have given this fence its special name. Because of its simple construction, it can be difficult to make a very interesting four-eyed fence.

As with other kinds of bamboo fences, the four-eyed fence is made in three forms : *shin*, *gyō*, and *sō*. Used in the construction of the inner gate (*chūmon*), the fence is an important feature of tea ceremony gardens.

胴縁に変化を付けた美しい四つ目垣二例。(東京都・品川歴史館)
Two examples of four-eyed fences with atypical *dōbuchi*
(Shinagawa Historical Museum, Tokyo)

門の両脇に造られた本格的な四段四つ目垣。（京都市・桂離宮）
Four-tiered four-eyed fence flanking a gate (Katsura Imperial Vila, Kyoto)

節の竹の小枝を短く残した特殊な四つ目垣。（京都市・仙洞御所）
Four-eyed fence, unusual in that short branches remain attached to the joints
(Sentō Imperial Palace, Kyoto)

最も標準的な四段胴縁の四つ目垣。（東京都・後楽園）
Standard four-tiered four-eyed fence (Kōrakuen Park, Tokyo)

茶庭の仕切りとなる低目の四段四つ目垣。（福岡市・清楽寺）Low-lying four-eyed fence as an inner
partition in a tea ceremony garden (Seirakuji Temple, Fukuoka)

高さの違う二本の立子を用いた珍しい四つ目垣。（鎌倉市）
Unusual four-eyed fence with *tateko* of two different
heights (Kamakura)

園路に添って景となる三段胴縁の四つ目垣。(高松市・栗林公園)
Three-tiered four-eyed fence along the path of park (Ritsurin Park, Takamatsu)

上二本の胴縁を吹き寄せたとした三段四つ目垣。(高松市・栗林公園)
Three-tiered four-eyed fence with two upper *dōbuchi* grouped together (Ritsurin Park, Takamatsu)

侘びた感覚の柱を用いた三段胴縁の四つ目垣。(高松市・栗林公園)
Three-tiered four-eyed fence with subdued posts (Ritsurin Park, Takamatsu)

胴縁を等間隔の割間とした低い三段四つ目垣。(武蔵野市・観音禅院)
Low-lying four-eyed fence with three *dōbuchi* equally spaced (Kannonzen'in Temple, Musashino)

普通に見られる三段四つ目垣の雪景色。(国分寺市・殿ケ谷戸公園)
Winter scene of a three-tiered four-eyed fence (Tonogayato Park, Kokubunji)

石垣上の景となる三段胴縁四つ目垣。(鎌倉市)
Three-tiered four-eyed fence atop a stone wall (Kamakura)

下の割間を広く取った形式の三段四つ目垣。(東京都・六義園)
Three-tiered four-eyed fence with relatively wide space at the bottom (Rikugien Park, Tokyo)

立子の上を長く取り、からげ手法を見せる三段四つ目垣。(東京都・品川歴史館)
Three-tiered four-eyed fence with tall *tateko* and tied together using the *karage* method (Shinagawa Historical Museum, Tokyo)

細い立子上部を乱れ手法とした簡素な草の四つ目垣。(東京都・滄浪園)
Simple *so* four-eyed fence with *tateko* of varying lengths (Sōrōen, Tokyo)

四ツ目垣図 *YOTSUME-GAKI*

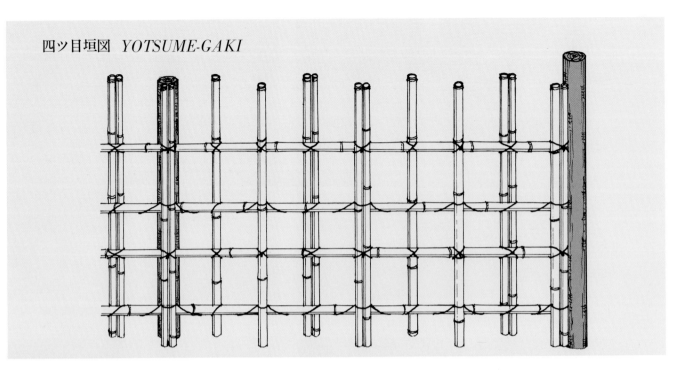

胴縁間を接近させた低い二段式四つ目垣。(鎌倉市・光触寺)
Low-lying four-eyed fence with two narrowly spaced *dōbuchi* (Kōsokuji Temple, Kamakura)

三段四ツ目垣図 *YOTSUME-GAKI* ; Three Horizontal support poles

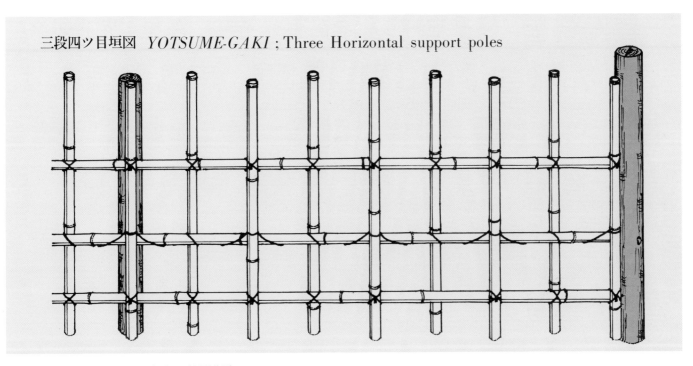

二段の胴縁間を高目にとった四つ目垣。(調布市・神代植物園)
Four-eyed fence with two widely spaced *dōbuchi* (Jindai Botanical Garden, Chōfu)

仕切りとして普通に見られる二段の四つ目垣。(東京都・池上梅園)
Ordinary two-tiered four-eyed fence used as a partition (Ikegami Baien, Tokyo)

一本だけの胴縁を用いた四つ目垣形式の垣。(東京都・後楽園)
Four-eyed-style fence with only one *dōbuchi* (Kōrakuen Park, Tokyo)

金閣寺垣
きんかくじがき

KINKAKUJI-GAKI
(KINKAKUJI FENCE)

背の低い竹垣を、別に足下垣ともいうが、その内で最も格式高い感覚を持っているのが、この金閣寺垣である。

京都の禅寺として知られる鹿苑寺（通称・金閣寺）境内北部に造られているものを本歌とするのでこの名がでた。その本歌にも、高いものと低いものとの二種がある。上部に太い半割りの玉縁を掛けるのが、この垣の造形的特色になっている。前庭の通路際などに造って、よく映える竹垣といえよう。

Low-lying fences are termed *ashimoto-gaki* ("foot-level fence"). Of these, the kinkakuji fence is the most renowned. The original kinkakuji fence is the one in the northern section of the grounds of the Zen temple in Kyoto popularly called Kinkakuji, formally known as Rokuonji. This fence has both tall and short sections. The most prominent feature of the kinkakuji fence is the split bamboo beading (*tamabuchi*) along the top. The fence is an attractive addition to the side of the path in a front garden.

前庭の敷石とよく調和した低目の金閣寺垣。（京都市・桂春院）
Kinkakuji fence in harmony with the stepping stones of a front garden (Keishun'in Temple, Kyoto)

立子の間隔を詰めて用いた形式の金閣寺垣。（京都市・竹林公園）
Kinkakuji fence with very close *tateko* (Chikurin Park, Kyoto)

石段に沿って斜めに造られた低い金閣寺垣。（京都市・霊鑑寺）
Low kinkakuji fence built on slant along a stone stairway (Reiganji Temple, Kyoto)

所どころに二本合わせ立子を入れた金閣寺垣。（京都市）
Kinkakuji fence with pairs of *tateko* here and there (Kyoto)

笠竹の掛け方に工夫を見せた門前の金閣寺垣。(京都市・慈照寺) Gate-front kinkakuji fence with *kasadake* corner (Jishōji Temple, Kyoto)

唐竹押縁二本と下に割竹押縁を掛けた特に高い金閣寺垣。(東京都・池上梅園)
Very tall kinkakuji fence with two *gara-dake* bamboo *oshibuch* and one of split bamboo *oshibuch* at the bottom (Ikegami Baien, Tokyo)

中央に割竹の押縁を用いた高目の金閣寺垣。(東京都・浜離宮)
Tall kinkakuji fence with split-bamboo *oshibuchi* at the center (Hama Rikyū Garden, Tokyo)

唐竹二本の押縁を掛けた本歌に近い感覚の金閣寺垣。(東京都・池上梅園)
Kinkakuji fence, very similar to the original, with two *oshibuchi* of *gara-dake* bamboo (Ikegami Baien, Tokyo)

曲線的に造った特殊な形式の金閣寺垣。(名古屋市・名城公園)
Unique curved kinkakuji fence (Meijō Park, Nagoya)

下に割竹押縁を掛けた重心の低い金閣寺垣。(京都市・妙心寺)
Bottom-heavy kinkakuji fence with low split-bamboo *oshibuchi* (Myōshinji Temple, Kyoto)

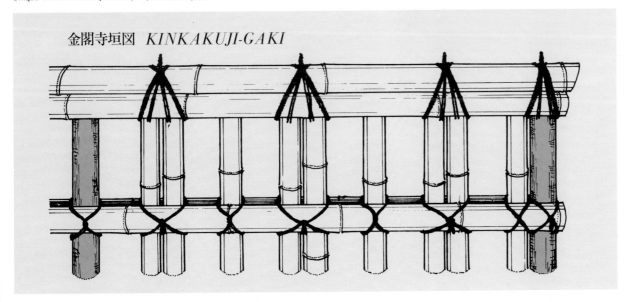

金閣寺垣図 *KINKAKUJI-GAKI*

胴縁を三段に渡した形式の特殊な金閣寺垣。(東京都・蓮花寺)
Unique kinkakuji fence with three *dōbuchi* (Rengeji Temple, Tokyo)

二本立子に押縁を吹き寄せとして掛けた金閣寺垣。(鎌倉市・光触寺)
Kinkakuji fence with paired *tateko* and *oshibuchi* grouped together (Kōsokuji Temple, Kamakura)

胴縁を渡し、立子に変化を付けた金閣寺垣形式の垣。(東京都・後楽園)
Kinkakuji-style fence with *dōbuchi* and atypical *tateko* (Kōrakuen Park, Tokyo)

上の玉縁を太竹とした金閣寺垣の変形。(京都市・天龍寺)
Atypical form of kinkakuji fence, with stout-bamboo *tamabuchi* at the top (Tenryūji Temple, Kyoto)

四段胴縁に唐竹立子を取り付けた金閣寺垣風の垣。(東京都・上野公園)
Kinkakuji-style fence with four *dōbuchi* and *gara-dake* bamboo *tateko* (Ueno Park, Tokyo)

玉縁と押縁の間を特別に広く取った高い金閣寺垣。(東京都・滄浪園)
Tall kinkakuji-style fence with an especially wide space between the *tamabuchi* and *oshibuchi* (Sōrōen, Tokyo)

矢来垣
YARAI-GAKI
(STOCKADE FENCE)

矢来垣は、江戸時代頃から広く造られてきた伝統的な竹垣である。矢来とは、広い意味では柵のことであり、丸太など木材を使う例も多かったが、昔は竹材を使うのが最も手っ取り早く、しかも安上がりであったために、いわゆる竹矢来がその主流になった。

竹は通常、上部を鋭くそぎ落し、それを斜めに組子として、胴縁に取り付けて行く形式が多い。関西形式では、太竹で低く造り、それを押縁で挟み止める形が好まれている。

The stockade fence is a traditional one widely constructed since the Edo period (1615—1867). Yarai is a word of broad meaning, referring to various barricades (saku) of wooden logs, formerly a very common material for such, and of bamboo, called takeyarai. Because bamboo was more practical and inexpensive, it came to be the material of choice for barricades.

In the most common style of construction, pieces of bamboo (the frets, or kumiko) are sharpened at the tip, arranged crosswise diagonally, and attached to horizontal frame poles (dōbuchi). In the Kansai region, a low-lying style in which heavy pieces of bamboo are held together between horizontal support poles (oshibuchi) is common.

(Note : In the photo captions for stockade fences with support poles, oshibuchi, a asterisk [*] appears ; for those describing fences with frame poles, dōbu-chi, there is no asterisk.)

大木を円形に囲った美しい構成の矢来垣。(鎌倉市・鶴岡八幡宮)
Stockade fence of fine construction surrounding a large tree
(Tsurugaoka Hachimangū Shrine, Kamakura)

唐竹の切り口を手前に見せた形式の矢来垣。(東京都・六義園)
Stockade fence with cut ends of *gara-dake* bamboo visible (Rikugien Park, Tokyo)

園路に沿う長い二段胴縁矢来垣の裏面。(高松市・栗林公園) Rear side of a long two-tiered stockade fence along a garden path (Ritsurin Park, Takamatsu)

傾斜地に造られた二段胴縁矢来垣の表側。(高松市・栗林公園)
Front side of a two-tiered stockade fence built on sloped ground (Ritsurin Park, Takamatsu)

組子を急角度にとった三段胴縁の矢来垣。(鎌倉市・鶴岡八幡宮) Three-tiered stockade fence with diagonal *kumiko* at an acute angle (Tsurugaoka Hachimangū shrine, Kamakura)

組子の上部を水平に切った二段押縁の矢来垣。(名古屋市・名城公園)
Two-tiered stockade fence with tops of the *kumiko* cut on the horizontal (Meijō Park, Nagoya)

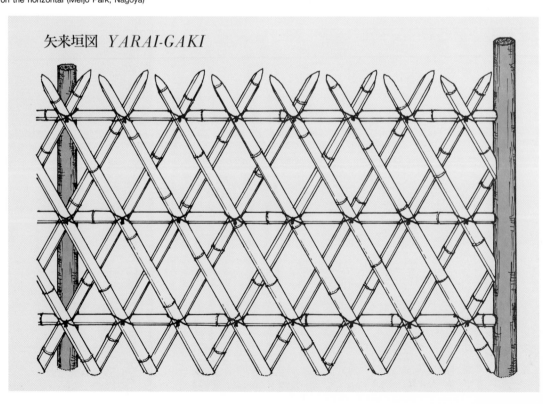

矢来垣図 *YARAI-GAKI*

上の押縁をずらして掛けた形式の二段押縁矢来垣。(水戸市・偕楽園) Two-tiered stockade fence whose upper *oshibuchi* does not intersect the *tateko* where they cross (Kairakuen Park, Mito)

組子を大きく倒して組んだ三段押縁の矢来垣。(浜松市・浜松城公園)
Three-tiered stockade fence with *kumiko* well toward the horizontal (Hamamatsu Castle Park)

竹林に景を添える関西式三段押縁の矢来垣。(水戸市・偕楽園)
Three-tiered Kansai-style stockade fence in a bamboo grove (Kairakuen Park, Mito)

例の少ない大規模な四段押縁矢来垣。(水戸市・偕楽園)
Unusually large, four-tiered stockade fence (Kairakuen Park, Mito)

龍安寺垣

RYŌANJI-GAKI
(RYOANJI FENCE)

足下垣としては、前に紹介した金閣寺垣などと共に、最も代表的なものであり、造形としてもまことに優れている。京都の石庭で知られる禅寺・龍安寺の境内参道に、長く造られているものを本歌としており、矢来垣の上部に玉縁をかぶせたような形式に特色がある。最近では小庭園の景としてもよく利用されているが、案外本式のものは少ない。本歌は割竹二枚合わせの組子とするが、これに細丸竹を使った例も多い。

A fence of superior construction, the ryōanji fence, like the kinkakuji fence, is a typical example of a low-lying fence (*ashimoto-gaki*). It appears somewhat like a stockade fence with beading (*tamabuchi*) at the top, this beading being the fence's most prominent feature. The original fence of this name, stretching along the main path in the grounds of Ryōanji, a Zen temple in Kyoto, is constructed of frets (*kumiko*) of double-layered split bamboo. Ryōanji fences of fine unsplit bamboo also exist. The ryōanji fence has found widespread use in small gardens recently, and examples of the large-scale true style are unexpectedly rare.

参道に沿って造られた龍安寺垣本歌。組子を地面に差し込まない。
（京都市・龍安寺）

The original ryōanji fence, with *kumiko* not inserted into the ground (Ryōanji Temple, Kyoto)

押縁を地面すれすれに掛けた龍安寺垣。(高松市・栗林公園)
Ryōanji fence with *oshibuchi* grazing the ground (Ritsurin Park, Takamatsu)

折って造られた同上龍安寺垣の景。(高松市・栗林公園)
A corner of the same fence (Ritsurin Park, Takamatsu)

特に高く造った龍安寺垣。組子を地面に差している。(鎌倉市・明月院)
Especially tall ryōanji fence, with *kumiko* inserted into the ground
(Meigetsuin Temple, Kamakura)

龍安寺垣図　*RYOANJI-GAKI*

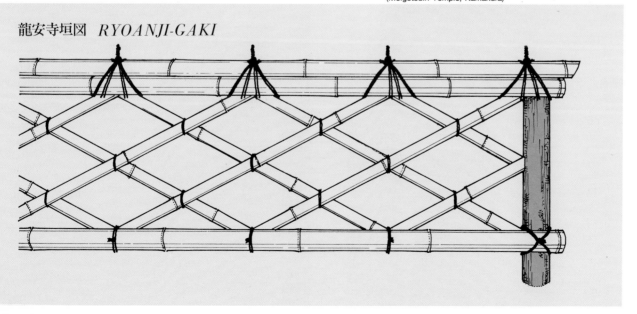

矢来垣に近い形式の押縁を二段に掛けた龍安寺垣。(水戸市・偕楽園)
Ryōanji fence with two *oshibuchi*, very similar in form to a stockade fence (Kairakuen Park, Mito)

名松の保護のために巡らされた同上龍安寺垣。(水戸市・偕楽園)
The same fence, surrounding a pine to protect it (Kairakuen Park, Mito)

矢来垣の上に笠竹を掛けた形式の龍安寺垣風の垣。(東京都・京王百花苑) Ryōanji-style fence with *kasadake* beading at the top of a stockade fence (Keiō Hyakkaen, Tokyo)

押縁や玉縁にハギの枝を用いた短い龍安寺垣。(八幡市・松花堂)。Small ryōanji fence with *oshibuchi* and *tamabuchi* of bush clover (*hagi*) branches (Shōkadō, Yawata, Kyoto Pref.)

屈曲して続く組子の特に細かい高目の龍安寺垣。(京都市・清涼寺)
Tall, winding ryōanji fence with especially fine *kumiko* (Seiryōji Temple, Kyoto)

組子を特に急角度とした龍安寺垣形式の垣。(京都市・清涼寺)
Ryōanji-style fence with *kumiko* at a very acute angle (Seiryōji Temple, Kyoto)

光悦垣
こうえつがき

KŌETSU-GAKI
(KŌETSU FENCE)

本阿弥光悦が、芸術活動の拠点とした京都鷹ケ峰の地に、光悦の菩提寺日蓮宗光悦寺がある。その境内に、光悦ゆかりの大虚庵が復興されており、茶庭との境に大規模に造られている透かし垣を、光悦垣の本歌とする。別に、光悦寺垣、臥牛垣ともいい、構造は矢来垣の上部に、竹穂と割竹で巻いた太い玉縁をかぶせたもの。この玉縁を、曲線的に地面までとどくように用いるのが特色である。短い形の袖垣としても多く造られている。

Hon'ami Kōetsu (1556—1677) was a craftsman of many talents who lived in the Takagamine district of Kyoto. His family temple, Kōetsuji, of the Nichiren sect of Buddhism, is also found in that area, and in its grounds, separating a tea garden and a hermitage of Kōetsu's, is found the original kōetsu fence.
Also called *Kōetsuji-gaki* (kōetsuji fence) or *gagyū-gaki* ("prostrate cow" fence), the kōetsu fence is of the see-through (*sukashi-gaki*) class and is similar in construction to the stockade fence, but with round beading (*tamabuchi*) at the top wound with bamboo branches and split bamboo. The fence is characterized by this beading, the end of which cuves down to the ground. The kōetsu fence is also used as a short wing fence (*sode-gaki*).

大規模に造られた本歌光悦垣の美景。柱や玉縁を割竹巻きとする。
（京都市・光悦寺）
The large original kōetsu fence, whose pillars and *tamabuchi* are wound with split bamboo (Kōetsuji Temple, Kyoto)

枯山水の主要な景として生かされた光悦垣。(八日市市・招福楼)
Kōetsu fence, the main feature of this dry landscape garden (Shōfukurō, Yōkaichi, Shiga Prf.)

曲線的に造られた本歌光悦垣の細部。(京都市・光悦寺)
Detail of the original kōetsu fence (Kōetsuji Temple, Kyoto)

庭の仕切りとなる短い光悦垣の景。(町田市・高蔵寺)
Small kōetsu fence partitioning a garden (Kōzōji Temple, Machida)

光悦垣図　*KŌETSU-GAKI*

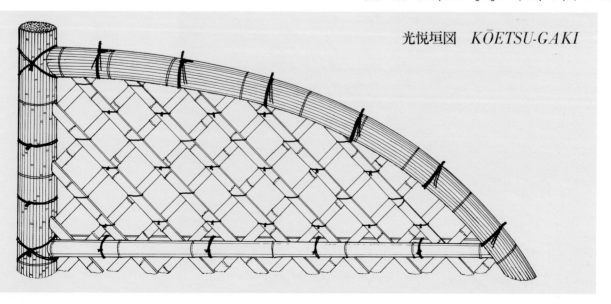

組子の右手に簾を入れた光悦垣形式の垣。(東京都・池上梅園)
Kōetsu-style fence with *sudare* attached to the *kumiko* on the right
(Ikegami Baien, Tokyo)

竹穂を柱と玉縁に用いた屋根付きの光悦垣。(京都市)
Roofed kōetsu fence with bamboo-branch posts and *tamabuchi* (Kyoto)

組子を特に細かく組んだ太い玉縁の光悦垣。(京都市・竹林公園)
Kōetsu fence with stout *tamabuchi* and especially fine *kumiko* (Chikurin Park, Kyoto)

組子も玉縁もすべてをハギの枝で造った低い光悦垣。(京都市・二条城)
Low-lying kōetsu fence with *kumiko* and *tamabuchi* entirely of bush clover (*hagi*) (Nijō Castle, Kyoto)

二尊院垣
（にそんいんがき）

NISON'IN-GAKI
(NISON'IN FENCE)

二尊院は、京都市嵯峨にある天台宗延暦寺派の寺院として知られている。

その門内や本堂前庭に、直線状に、あるいは曲線的に造られているのが、この特色ある低い足下垣である。禅寺以外の寺の名称が付いた本歌の竹垣は非常に珍しい。

この竹垣は比較的近年に造られたもので、形式としては金閣寺垣に近く、その立子の中間それぞれに、斜めの組子を一本ずつはめ込んだ形となっている。

Nison'in is a temple of the Tendai sect of Buddhism in Saga, Kyoto. Inside its grounds, including the front garden of the main hall, is found this unique low-lying fence (*ashimoto-gaki*). sometimes stretching in a straight line, sometimes curved. It is very unusual for a fence to be named after a temple that belongs to a sect other than Zen.

The nison'in fence is a relatively new style of bamboo fence, similar in form to the kinkakuji fence. A diagonal fret (*kumiko*) is inserted between each of the vertical pieces (*tateko*).

境内を美しく仕切る低い足下垣、二尊院垣の本歌。（京都市・二尊院）
The original nison'in fence, a beautiful low-lying partition within the temple grounds (Nison'in Temple, Kyoto)

円形に造られた二尊院垣。斜め組子が補強ともなる。（京都市・二尊院）
Circle-shaped nison'in fence whose diagonal *kumiko* acts as reinforcement (Nison'in Temple, Kyoto)

直線に用いた二尊院垣。構造がよく分かる。（京都市・二尊院）
The original nison'in fence (Nison'in Temple, Kyoto)

ななこ垣
NANAKO-GAKI
(NANAKO FENCE)

ななこ垣の「ななこ」とは、魚子、斜子などの字が当てられるもので、古くからある織物の織り方からでた名称と考えられる。
細く割った平らな竹を、地面に曲線的に差し込んだ形式であって、竹垣としては最も簡単なものといえる。一般住宅の庭園というよりも、むしろ公共的な公園などで、人止め用の柵として造られる例が多いから、誰にもおなじみのものといえよう。ただ、ななこ垣にも移動可能なものがあるので参考にしてほしい。

The word *nanako* refers to a twill weave, and it is thought that the origin of the name nanako fence comes from an old weaving style. Finely shaved pieces of bamboo are curved and inserted in the ground, making this the simplest form of bamboo fence. Certain types of nanako fence are, however, movable. Nanako fences are used more in public parks to keep people out of certain areas, rather than in the gardens of homes.

好きな位置に移動できる構造のななこ垣。(京都市・裏千家)
Movable nanako fence (Urasenke, Kyoto)

細割竹二枚合わせの胴縁を用いた形式のななこ垣。(高松市・栗林公園)
Nanako fence with *dōbuchi* of double-layered fine split bamboo (Ritsurin Park, Takamatsu)

園路側に傾斜を付けたななこ垣。(東京都・後楽園)
Slanted nanako fence along a garden path (Kōrakuen, Tokyo)

その他の垣
OTHER FENCES

ここでは、これまでに紹介したもの以外の名称ある竹垣を、ひとまとめにして見ていただくことにする。それぞれについては写真説明に略記するが、一つだけ松明垣という名称について述べておきたい。

松明垣とは、立子に松明形に巻いた萩や黒文字の枝を用いたものであるが、この巻立子を鉄砲付けとした垣は、鉄砲垣に分類する。そこで、その巻立子を胴縁の片側に取り付けたようなものだけを松明垣とするのがよい。

Fences other than those depicted above will be described on the following pages using photographs. One more fence, however, bears some mention in detail.

The torch fence (*taimatsu-gaki*) is, broadly speaking, a bamboo fence in which bush clover (*hagi*) or spicebush (*kuromoji*) bundled in the shape of torches (*taimatsu*) is used for the vertical pieces (*tateko*). When such vertical pieces are arranged as in a teppō fence, the fence can be so classified. It is thus best to refer to as torch fences only those in which these vertical pieces are attached to one side of the horizontal frame poles (*dōbuchi*).

胴縁の表に黒文字の巻き立子を取り付けた松明垣。(京都市)
Torch fence (*taimatsu-gaki*) with spicebush (*kuromoji*) tateko in the front (Kyoto)

竹穂を松明形に太く束ねた特殊な飾り垣。(京都市・竹林公園)
Fence with large bundles of bamboo branches shaped like torches (Chikurin Park, Kyoto)

蓑垣に段を付た形式の珍しい鎧垣。(鎌倉市)
Armor fence (*yoroi-gaki*) made of three vertically arranged raincoat fences (Kamakura)

門の両側に造られた篠竹張りの襖垣。(東京都・浜離宮)
Fusuma fence (*fusuma-gaki*) of *shino* bamboo, flanking a gate
(Hama Rikyū Garden, Tokyo)

門に添えられた太竹と巻き立子の立合垣。(水戸市・偕楽園)
Tachiai fence (*tachiai-gaki*) with pairs of bamboo and bundled *tateko* arranged alternately
(Kairakuen Park, Mito)

太竹をそのまま開いたものを使った、ひしぎ竹張りの塀。（京都市）Wall whose poles are made by splitting (but breaking at only one seam) a piece of bamboo *hishigi-dake* and "unfolding" it (Kyoto)

塀上によく見かける、するどい忍び返し。（京都市）
Sharp spikes atop a wall (Kyoto)

わずかの空間に美を見せる扇垣。（京都市・南禅寺）
Folding-fan fence (*ōgi-gaki*), with only slight openings (Nanzenji Temple, Kyoto)

園路に沿って造った簡単な垣で、ななこ垣の変形ともいえる。（鎌倉市・東慶寺）
Simple fence, perhaps a variation of the nanako fence, along the path in a park (Tōkeiji Temple, Kamakura)

特殊な垣
<ruby>特殊<rt>とくしゅ</rt></ruby>な垣
SPECIAL FENCES

特殊な垣というのは、これまでのどの形式にも属さない垣を、本書で便宜的に分けていったものであり、竹垣の名称ではないので注意してほしい。

なかには、一部の地方で名称の付けられている垣もあるが、それが商品名であったり、あまり一般的でない名称の場合は、この項で取り上げることにした。

The term "special fences" is used in this book to refer to fences not readily classifiable in any of the categories mentioned above. Although some special fences do have specific names in different parts of the country, some of these names are trade names and many are not widely known. They are therefore put in this grouping.

唐竹を曲線状の立子とした垣。(東京都・池上梅園)
Fence with *tateko* of curved *gara-dake* bamboo (Ikegami Baien, Tokyo)

横の組子に割竹を用いた桂垣形式の垣。(東京都)
Katsura-style fence with horizontal split-bamboo *kumiko* (Tokyo)

唐竹立子を、同じ竹で挟み込んだ垣。(東京都・浜離宮)
Gara-dake bamboo fence (Hama Rikyū Garden, Tokyo)

池際を飾る移動可能な二段押縁の垣。(東京都・池上梅園)
Movable fence with two *oshibuchi*, now beside a pond (Ikegami Baien, Tokyo)

割竹を荒く横に編み込んだ透かし垣。(京都市・常照寺)
See-through fence (*sukashi-gaki*) with split bamboo coarsely woven in horizontally
(Jōshōji Temple, Kyoto)

四つ目垣の上下に竹穂をはめこんだ形の垣。(川崎市)
Four-eyed-style fence, with bamboo branches inserted in the top and bottom (Kawasaki)

細竹立子の上を乱れとして押縁を掛けた垣。(東京都・池上梅園)
Fence with *oshibuchi* and fine-bamboo *tateko* of varying heights
(Ikegami Baien, Tokyo)

丸竹の上部をそいで立子とした遮蔽垣。(神奈川県・箱根美術館)
Screening fence (*shahei-gaki*) whose *tateko* are of round bamboo cut off at the top
(Hakone Art Museum, Kanagawa Pref.)

創作垣
ORIGINAL FENCES

作庭家が、各庭園に合わせて、新たなデザインを生みだした竹垣を創作垣という。従来からある竹垣を土台とするが、それに思いきったモダンな感覚を取り入れているのが、創作垣の特色である。基本的には、建仁寺垣形式の立子を、横や斜めに変化させ、そこに自由な構成で押縁を掛けるものが多く、作者によって、好みの名称が付けられることもある。代表的なものとしては、網干垣や文字垣がよく知られている。

Original fences are those designed by a landscape architect to fit a particular garden. Most original fences are constructed by adding a modern touch to a certain traditional bamboo fence. The commonest model is the kenninji fence, whose vertical pieces (*tateko*) can be rearrangad horizontally or diagonally and attached to support poles. Designers often give their creations an original name. Two well-known original fences are the *aboshi-gaki* (Net-drying fence) and the *moji-gaki* (letter fence).

雲の渦を表現した大胆なデザインの創作垣。(京都市・龍吟庵)
A bold original fence with a design reminiscent of swirls of clouds (Ryōgin'an Kyoto)

雷の稲妻をかたどるモダンな創作垣。(京都市・龍吟庵)
An original fence modeled after bolts of lightning (Ryōgin'an, Kyoto)

表面に竹をそのまま張り込んだ創作垣。(京都市・龍吟庵)
An original fence with bamboo branches still attached (Ryōgin'an, Kyoto)

組子の変化ある造形が特色の創作垣。(福岡市・清楽園)
An original fence with unique *kumiko* (Seirakuen, Fukuoka)

袖垣

SODE-GAKI
(WING FENCE)

建物の側に親柱を立て、そこから短く張り出させるように造った竹垣を、着物の袖に見立てて袖垣という。多くは、室内の目隠しを兼ねた粋な飾りとして造られるので、非常に凝った作も少なくない。

その用途からして、遮蔽垣を原則としており、前に述べた遮蔽垣の大部分がこの袖垣に応用されている。しかし、なかには袖垣独特のデザインも多いので、本書ではここに別の一項を設けて紹介することにした。

A *sode-gaki*, or Wing fence, is a fence with an end post inserted into the ground next to a building, the fence extends out from the post in the shape of the sleeve of a kimono. Most *sode-gaki*, serving as both stylish decorations and as blinds for the inside of a room, are very exquisitely made. Since they are usually screening fences (*shahei-gaki*) and since most screening fences are *sode-gaki*, perhaps only one term is necessary. However, because of the unique design of many *sode-gaki*, these fences are presented as a separate category in this book. (Note : In the photo captions, unspecified horizontal poles, with the word "-tiered," are horizontal support poles, or *oshibuchi*).

押縁の間隔に変化を付けた建仁寺垣形式の袖垣。(東京都・京王百花苑)
Kenninji *sode-gaki* with alterations in the space between the *oshibuchi* (Keiō Hyakkaen, Tokyo)

清水竹の立子に五段の押縁を掛けた清水垣式の袖垣。(東京都・根津美術館)
Five-tiered shimizu *sode-gaki* with *tateko* of *shimizu-dake* bamboo (Nezu Art Museum, Tokyo)

立子と押縁にクロチクを用いた低目の袖垣。(東京都・根津美術館)
Low *sode-gaki* with *tateko* and *oshibuchi* of *kurochiku* bamboo (Nezu Art Museum, Tokyo)

細目のクロチク立子に押縁を四段掛けた茶席の袖垣。
(東京都・京王百花苑)
Four-tiered *sode-gaki* at a tea ceremony house,
with *tateko* of *kurochiku* bamboo
(Keiō Hyakkaen, Tokyo)

四段胴縁に太目の丸竹立子を結んだ鉄砲袖垣。（国分寺市・殿ケ谷戸公園）
Teppō *sode-gaki* with four *dōbuchi* and stout round-bamboo *tateko*
(Tonogayato Park, Kokubunji)

柱も立子も細割竹で巻いた形式の風雅な茶庭の袖垣。（京都市・光悦寺）
An elegant tea-garden *sode-gaki* with posts and *tateko* wrapped with
fine split bamboo (Kōetsuji Temple, Kyoto)

片面にハギの巻き立子を取り付けた松明袖垣。（京都市・常照寺）
Torch *sode-gaki* with of *tateko* of bush clover (*hagi*) attached to one side
(Jōshōji Temple, Kyoto)

胴縁も柱も立子も、すべてハギによって造られた鉄砲袖垣。（八幡市・松花堂）
Teppō *sode-gaki* with *dōbuchi*, posts, and *tateko* of bush clover
(Shōkadō, Yawata, Kyoto)

クロモジの枝を荒い立子とした佗び好みの袖垣。(京都市・桂春院)
Subdued *sode-gaki* with coarse *tateko* of spicebush (*kuromoji*) branches
(Keishun'in Temple, Kyoto)

クロチクの太い巻き柱と玉縁を見せた小さな袖垣。(京都市・常照寺)
Small *sode-gaki* with stout post and *tamabuchi* of bundled spicebush branches
(Jōshōji Temple, Kyoto)

すべてをクロモジで造り、上部を菱形に透かした袖垣。(京都市・落柿舎)
Spicebush (*sode-gaki*) with diamond-shaped openings at the top (Rakushisha, Kyoto)

左と同形式だが、立子にハギを使った高目の袖垣。(京都市)
Tall *sode-gaki* of the same form as that shown to the left, but with *tateko* of bush
clover (Kyoto)

美しく竹の小枝をさばいた大徳寺垣形式の竹穂袖垣。(東京都・池上梅園)
Bamboo branch daitokuji *sode-gaki* using small bamboo branches (Ikegami Baien, Tokyo)

やや荒目だが、竹枝の変化が見所の竹穂袖垣。(京都市・落柿舎)
Bamboo branch *sode-gaki* whose somewhat coarse branches are its chief feature (Rakushisha, Kyoto)

五段押縁に太い巻き玉縁を掛けた竹穂袖垣。(横浜市・覚永寺)
Five-tiered bamboo branch *sode-gaki* with stout bundled *tamabuchi* (Kakueiji, Yokohama)

黒穂の中に普通の竹枝を入れて模様とした竹穂袖垣。(東京都) | Bamboo branch *sode-gaki*, of mostly black bamboo with some ordinary bamboo interspersed (Tokyo)

少し古いが典型的な関東好みの竹穂袖垣。(国分寺市・殿ケ谷戸公園)
Somewhat old, but typical, Kantō-style bamboo branch *sode-gaki* (Tonogayato Park, Kokubunji)

横の六段押縁の上に縦に割竹を結んだ珍しい竹穂袖垣。(京都市・大河内山荘)
Unusual six-tiered bamboo branch *sode-gaki* with split-bamboo pieces attached vertically to the *oshibuchi* (Ōkōchi Sansō, Kyoto)

短いながら桂垣と同形式に造った、凝った袖垣と枝折戸の景。(京都市・落柿舎)
Somewhat small, but refined, katsura *sode-gaki* and *shiorido* (Rakushisha, Kyoto)

細い篠竹の組子を御簾垣形式とした袖垣。(京都市)
Bamboo screen *sode-gaki* with *kumiko* of fine *shino* bamboo (Kyoto)

御簾垣と同形式だが、組子の左右を見せた形の袖垣。(調布市・神代植物園)
Bamboo screen-style fence whose *kumiko* protrude from either side
(Jindai Botanical Garden, Chōfu)

下を揃えぬ形式の蓑垣で、破れ蓑垣という。(東京都・品川歴史館) "Broken" raincoat fence, so called because of its uneven bottom (Shinagawa Historical Museum, Tokyo)

上部を菱透かしとし、下に蓑垣を見せた袖垣。(東京都・池上梅園)
Sode-gaki in with diamond-shaped holes at the top and raincoat style fence at the bottom (Ikegami Baien, Tokyo)

特に荒く造った侘び好みの黒穂蓑垣。(小金井市)
An especially coarse but subdued raincoat *sode-gaki* of black bamboo branches (Koganei, Tokyo)

蓑垣の下に四つ目垣を造った形式の半蓑垣。(埼玉県・遠山記念館)
"Half" raincoat *sode-gaki* : raincoat fence at the top and four-eyed fence at the bottom (The Tōyama Kinenkan Foundation, Saitama Pref.)

91

割竹を縦に鱗状に張り込んだ凝った造りの袖垣。(小平市・いろりの里)
Refined *sode-gaki* with split bamboo arranged vertically in a fish-scale pattern
(Irori-no-sato, Kodaira)

木の胴縁に細竹立子を打った袖垣。一名を随流垣ともいう。(京都市・二条城)
Sode-gaki (or zuiryū fence, *zuiryū-gaki*) with fine bamboo *tateko* attached to wooden *dōbuchi*
(Nijō Castle, Kyoto)

梅の自然木に唐竹組子を打った簡素な袖垣。(小金井市・三光院)
Simple *sode-gaki* with frame of plum wood and *gara-dake* bamboo *kumiko* (Sankōin Temple, Koganei)

特に細い組子を用いた、きゃしゃな感覚の袖垣。(沼津市)
Delicate *sode-gaki* with very fine *kumiko* (Numazu)

自然風な庭門の柱に付属する侘びた袖垣。(鎌倉市・光触寺)
Subdued *sode-gaki* attached to the pillar of a garden gate (Kōsokuji Temple, Kamakura)

枝折戸
（しおりど）
揚簀戸
（あげすど）

SHIORIDO, AGESUDO

枝折戸は、庭内を仕切る扉として、最も簡単なもので、その軽い感覚が好まれる。細丸竹で四角い枠を造り、その上に細割竹の皮の部分を薄くそいだものを、菱目に編んで行くが、この時、縁の部分を枝折るために、枝折戸の名がでた。

揚簀戸は、この枝折戸を上部から吊して用いた特殊な扉で、それを竹杖で揚げて出入りするためにその名がある。

両者共に、茶庭で特に好まれている。

A *shiorido* is a very simple, light partition inside a garden made by wrapping thin strips of bamboo sheath around a rectangular frame of fine round bamboo poles, weaving the strips into a diamond-shaped pattern. The name *shiorido*, or "bent-branch door," comes from the bending of the strips of bamboo sheath around the frame. An *agesudo* is a special door or gate from which is suspended a *shiorido*. The name is derived from the fact that it is raised (*ageru* ; in compound words *age*) with bamboo poles to let people in and out. Both the *shiorido* and the *agesudo* are popular in tea ceremony gardens.

茶庭への入口として造られたばかりの枝折戸。(栃木県・古峯園)
Freshly built *shiorido* at the entrance to a tea cermony garden
(Kohōen, Tochigi Pref.)

仕切と飾りの要素を持った特に低い枝折戸。（栃木県・古峯園）
Very low *shiorido* for partitioning and decoration (Kohōen, Tochigi Pref.)

上部に一本細竹を入れた標準的寸法の枝折戸。（名古屋市・名城公園）
Standard-sized *shiorido* with a single thin piece of bamboo at the top (Meiji Park, Nagoya)

ドウダンの紅葉によく映える低目の枝折戸。（栃木県・古峯園）
Low *shiorido* that beautifully complements the autumn *dōdan* azaleas. (Kohōen, Tochigi Pref.)

少し痛んではいるが、中央の枠だけを編んだ珍しい枝折戸。(東京都・根津美術館)
Although slightly damaged, an unusual *shiorido* with inner vertical flame poles in addition to the regular frame (Nezu Art Museum, Tokyo)

茶庭中門のしっかりした造りの枝折戸。(東京都・品川歴史館)
Well-built *shiorido* for the inner gate (*chūmon*) of a tea ceremony garden (Shinagawa Historical Museum, Tokyo)

縦長に造られた二枚扉の枝折戸。(京都市・大河内山荘)
Tall double-doored *shiorido* (Ōkōchi Sansō, Kyoto)

内部にヨシを入れて編み込んだ特別製の枝折戸。(京都市)
Uniquely made *shiorido*, with reed interwoven (Kyoto)

上部から大きな枝折戸を吊した形式の特殊な出入口、揚簀戸。（栃木県・古峯園）　An *agesudo* from which is suspended a large *shiorido* (Kohōen, Tochigi Pref.)

同上。客を迎える時は、このように竹竿で突き上げて使用する。（栃木県・古峯園）
The same *agesudo*, raised with bamboo poles to let guests in (Kohōen, Tochigi Pref.)

庭木戸
NIWAKIDO

庭木戸は、玄関前の前庭から主庭内に入る部分に多く設けられる一種の門で、庭門とも同意であると考えてよい。したがって木造が原則であり、小規模な屋根を持つものもある。当然ながら、竹垣の分類には入らないが、その扉に竹を打ち付けた風雅な作がよく見受けられるので、ここではその数例を紹介しておくことにした。

A *niwakido* is a wooden gate, sometimes with a small roof, found between the front garden at the entrance of a home and the main garden. Even though the *niwakido* is not a bamboo fence, a few examples are presented here, since the doorway is often elegantly constructed with bamboo attached.

木枠に二本合わせの立子を結び止めた簡単な造りの庭木戸。
（名古屋市・名城公園）
Simple *niwakido* with woode posts and paired *tateko*
(Meijō Castle, Nagoya)

全体を割竹の木賊張りとした幅の広い庭木戸。（小金井市）

Wide *niwakido* with split bamboo in the tokusa style (Koganei)

木枠の中に細竹を菱目に組んだ簡素な庭木戸の雪景色。（国分寺市・殿ケ谷戸公園）

Winter scene of a *niwakido* with fine bamboo arranged in diamond patterns within the wooden frame (Tonogayato Park, Kokubunji)

細竹を縦長に菱形組子とした扉を持つ竹屋根の庭木戸。（東京都・池上梅園）

Niwakido with bamboo roof and diamond-shaped *kumiko* door (Ikegami Baien, Tokyo)

細割竹を菱目（上）と格子目（下）に組んだ庭木戸。（高松市・栗林公園）

Niwakido with fine split bamboo in diamond shapes at the top and latticework style at the bottom (Ritsurin Park, Takamatsu)

縦桟に唐竹を用いた五段扉を持つ、檜皮屋根の庭木戸。(栃木県・古峯園)
Niwakido with cypress bark roof and five-level door having vertical pieces
of *gara-dake* bamboo (Kohōen, Tochigi Pref.)

扉の縦桟を間隔を詰めた晒竹とした、美しい庭木戸。(東京都・品川歴史館)
Beautiful *niwakido* with narrowly spaced vertical pieces of *sarashi-dake* bamboo
(Shinagawa Historical Museum, Tokyo)

特に細い竹を縦桟とした四段扉の庭木戸。(鎌倉市・鶴岡八幡宮)
Niwakido with four-level door having vertical pieces of especially fine bamboo
(Tsurugaoka Hachiman Shrine, Kamakura)

駒寄せ
KOMAYOSE

駒寄せ、という言葉は、最近あまり使わな
くなったが、広い意味での垣のことで、人家
の前に馬などをよけるために造った低い垣を
いった。別名を「駒よけ」ともいう。
京都などで、屋敷の塀の下に、竹を簀（すのこ）状にし
て斜めに立てかけている例をよく見かけるが、
これも駒寄せの一種である。
現在では、馬とはまったく関係なく、景とし
てのものであるが、雨のはねよけや、悪戯防
止には大いに役立っている。

The word *komayose* is not used much in the
present day. It refers to a low barrier placed in
front of a house to prevent horses (*koma*) from
entering. A synonym for *komayose* is *komayoke*.
In Kyoto, one type of *komayose* is made of
bamboo in a latticed and placed at an angle
against the lower part of the wall of a house.
Modern-day *komayose* no longer have any func-
tion with respect to horses, having taken on a
more decorative purpose. Still, they are installed
as protection against splashing rain, mischie-
vous children, etc.

四段胴縁に割竹を丁寧に打ち付けた駒寄せ。節の散らし方が見所。
（京都市）
Komayose with split bamboo carefully fastened to the four *dōbuchi* ;
note the distribution of the bamboo joints (Kyoto)

曲がりを特に強く取った形式の駒寄せ。(京都市)
Komayose with a strongly curved form (Kyoto)

極く標準的な四段胴縁の駒寄せ。(京都市)
Standard four-tiered *komayose* (Kyoto)

出格子の部分を巧みに取り込んだ五段胴縁の駒寄せ。(京都市)
Five-tiered *komayose* with projecting latticework (Kyoto)

石積上に急角度に造った三段胴縁の駒寄せ。(京都市)
Three-tiered *komayose* set at an acute angle on the masonry (Kyoto)

立子を手前にやや傾斜させた形式の駒寄せ。(東京都)
Komayose with *tateko* facing outward slightly (Tokyo)

丸太の支えに唐竹胴縁を渡した駒寄せ。(京都市)
Komayose with *gara-dake* bamboo *dōbuchi* and supported by logs (Kyoto)

二本合せの唐竹を段違いに渡した低い駒寄せ。(京都市)
Low-lying *komayose* of paired split bamboo on alternating levels (Kyoto)

竹柵・結界

TAKESAKU, KEKKAI

竹垣は、ある意味ではすべて竹柵ともいえるが、ここでいう竹柵は、非常に簡略化された、おおざっぱな垣のことをいったものである。竹垣という程、造形的に完全な作ではないということになろう。

また、結界とは、仏教的な用語であって、修行の場と俗世間とを隔てる垣、の意味が本来といえる。しかし、ここでは庭園などの立入禁止の簡単な人止め柵で、取はずしのきくものを、しゃれていったものと考えてよい。

As stated in the Preface, although the words *takesaku* and *takegaki* both mean "bamboo fence," as used here *takesaku* refers to simple barriers and not to the relatively complex structures covered by the term *take-gaki*.

Kekkai is a word from Buddhism that originally meant a fence or wall separating from the outside world a place for ascetic training. The term is also used to refer to simple barriers to prevent entrance to a garden.

笠の太竹の下に二段に胴縁を入れた竹柵。(栃木県・古峯園)
Takesaku with two *dōbuchi* and a *kasa* at the top
(Kohōen, Tochigi Pref.)

丸太柱の上部に太竹を渡した竹柵。(京都市・高桐院)
Takesaku with stout bamboo on log posts
(Kōtōin Temple, Kyoto)

太竹の柱に唐竹を差した形の竹柵。(京都市・法然院)
Takesaku with *gara-dake* bamboo inserted into stout bamboo posts
(Hōnen'in Temple, Kyoto)

丸太柱に太竹をかぶせた結界の雪景色。(国分寺市・殿ヶ谷戸公園)
Winter scene of a *kekkai* with stout bamboo on log posts
(Tonogayato Park, Kokubunji)

竹垣の話

吉河 功

1. 中国の名園にある大規模な竹垣とななこ垣（中国蘇州市・留園）

竹垣小史

　竹の類は世界中に分布しているが、それは小さな笹類を含めてのことであって、特に用途の広い良質の竹は、主として東洋に集中している。

　そのために、竹は東洋文化の一つの象徴とも考えられるようになった。そして、東洋諸国の中でも、竹の国と呼ぶにふさわしい国は、やはり日本と中国である。

　日本の先輩である中国は、竹の利用でも古い歴史を持っており、紀元前からすでに竹を様々に加工して生活用具等に使っていた。また、竹の姿風情を愛し、絵画や詩文等に取り入れたのも、古い中国の人々であった。

　中国曲阜の名高い孔子廟には、漢代の古碑があって、そこに見事な竹の図が彫られているために、「竹葉碑」と呼ばれている。

「竹林七賢人」の画題でもよく知られているように、文人賢者にも竹を愛好した人物はまことに多く、唐の白居易や北宋の蘇東坡などはその代表的な文人であった。

　このような歴史から考えて、中国でも古い時代から竹垣が発達していて不思議はないと思われるが、どうもそのような史料が見当たらない。簡単な矢来形式の竹柵の類があったことは分かっているが、日本のように特に竹垣としては発達しなかったようである。

　もっとも、明代に花が愛好され、その囲いとして造られたような一種の竹柵はあったらしい。その形式が当時の絵画等に多く描かれているということである。おそらく、唐代からそのようなものは造られていたと推定される。今日の中国古典庭園内にも、かなり本格的な中国風竹垣［挿図１］の作例を見るので、日本の竹垣に近いものがあったことは想像できる。しかし、それはむしろ特殊な例であって、日本ほど多種のものが、広く一般に造ら

2. 『写経扇絵女房図』(鎌倉時代・四天王
寺蔵)の柴垣

3. 野宮神社の風雅な小柴垣(京都市)

4. 『弘法大師行状絵巻』に描かれた竹の網代垣

れているわけではない。

　日本でも古くから竹が愛好されていたことは、奈良時代の『万葉集』の古歌によっても分かるし、平安時代に入ると数々の詩文等に竹が歌われている。

　当時は、竹が涼しさの象徴とも考えられ、邸の北方に植える例が多かったことも記録にある。

　竹垣は、平安時代にはまだ今日程発達していなかったが、すでに先駆的なものはかなり造られていた。

　その代表的なものは、柴垣の類で、雑木の枝を集めて立て並べ、同じ枝を束ねたものを押縁として掛けた形式であった。それは、山里の風情を感じさせる景として、当時の文学思想の根底に流れていた"もののあわれ"の一つの表現として、女流文学などによく登場してくる。『源氏物語』の「帚木の巻」に、

　　田舎家だつ柴垣し渡して、前栽など心とどめて植ゑたり。

などとあるのは、その好例といえよう。

　また、平安、鎌倉時代の絵画(絵巻物等)には、かなり多く柴垣を描いた実例があって、その形式が分かるのは有難い[挿図2]。

　今も京都嵯峨野にある野宮神社には、当時の様式を留めた簡素な「小柴垣」が設けられており、よき風情となっている[挿図3]。

　このような柴垣があった以上、それと同形式に竹枝などを用いたものも当然造られていたと考えられるから、柴垣は竹垣の元祖といってよい。

　実際現在でも、柴垣の類は木の枝を素材としていながら、竹垣の分類に加えるのが一つの約束になっている。

　このほか、平安時代の垣としては、「透垣」「立蔀」「檜垣」などの名称もある。

　透垣は"すいがい"と読み、板と板の間を透かした垣であったらしいが、竹で編んだものもあった。『源氏物語』「橋姫の巻」に、

　　あなたの御前は、竹編める透垣しこめて、みなへだて異なるを、教へ寄せたてまつれり。

などと見えている。

　立蔀は"たてじとみ"で、衝立のように造った一種の塀である。『枕草子』に、

　　立蔀、透垣などのもとにて、雨ふりぬべし、など聞えごつもいとにくし。……

とあり、透垣とは違ったものらしいが、多くは檜皮などを、網代に編んだものであった。しかし、これにも竹で編んだものがあった。後の史料であるが、『弘法大師行状絵巻』(南北朝時代)には、明らかに太竹の柱を使った立蔀が描かれている[挿図4]。

　檜垣は"ひがき"と読み、檜板を薄くはいで、これを網代編みとした垣の総称であったらしい。だから、立蔀とも共通したものである。江戸時代の『倭訓栞』に、

　　ひがき、檜垣の義成、檜を薄くへぎて、網代に組たるなりといへり。

と解説されている。古い記録では、『今昔物語』に、

　　只大キヤカナル家ノ有ルニ、檜垣長ヤカニ差廻シタル有リ。……

などと記載がある。

　いずれにしても、このような様々な形式のものが影響しあって、次第に竹垣の各種に変化していったものと考えられよう。

　鎌倉時代になると、今日の竹穂垣や建仁寺垣に近い形

5.『法然上人絵伝』(鎌倉時代・知恩院蔵)にある建仁寺垣風の垣

6. 如庵路地に見る江戸時代の竹垣(『都林泉名勝図会』)

式の垣も、絵巻物等に見られるようになってくる。

　特に『法然上人絵伝』には、多くの垣の描写があり、柴垣、竹穂垣、網代垣、などがあるが、後の建仁寺垣形式の垣も見られるのはまことに興味深い[挿図5]。

　また、袖垣という語も、この時代に現れている。それは、『夫木和歌集』にある、花園左大臣の和歌、

　　　心なきしづがしわざと見えぬ哉
　　　あさがほさける柴の袖がき

であって、ここに「柴の袖垣」と表現されているのは早い例であると思う。

　日本においてさらに竹垣が発達したのは、桃山時代以降のことであった。この時代に千利休等によって茶の湯が成立し、茶庭(路地)という新たな庭園様式が出現すると、竹垣の風情は、茶庭において、なくてはならぬ存在になっていった。

　特に茶庭では、四つ目垣に代表されるような、まことに簡素な透かし垣や、侘びた柴垣の類が好まれ、後には茶室に添えて袖垣の類も多く用いられるようになった[挿図6]。

　このような茶庭の竹垣は、竹柵のような単純な目的のものではなく、庭の風情であると共に、茶の精神にかなった仕切の目的を持っているところが、いかにも日本的な美の表現といえるであろう。

　江戸時代に入ると、徳川三百年の泰平が続き、全国に広く庭園や茶庭が造られたので、竹垣も各地に広まり、同時に実に様々な形式が創造されていった。

　その竹垣の姿は、各種の絵画や絵図の類に描かれているが、江戸初期に刊行された茶書の一種である『古今茶道全書』(元禄7年〈1694〉刊)には、簡略化した筆法ながら、

色々な垣の用例が示されている。

　また、この頃から庭園関係では、庭の作り方を記した作庭秘伝書が筆記されるようになり、竹垣について述べたものも出現してきた。絵図のある書には、庭の一部に竹垣を描いたものも散見される。

　さらに、垣を意味する文字も、様々な字が使われるようになり、垣の他に、籬、牆、墻、屛、などの文字も"かき"と読ませている。

　作庭秘伝書の一書『築山染指録』(寛政9年〈1797〉筆記)には、「牆部」の項があって、十三種の名称を記し簡単な解説がある。それは、

　　　大名牆、書院牆、鉄砲牆、利休牆、茶筌牆、衣桁牆、伏猪牆、スイ牆、二壇牆、三壇牆、埒牆、南禅寺牆、妙心寺牆

であるが、現在ではほとんど知られていない名称の垣も含まれている。

　興味深いのは、南禅寺牆と妙心寺牆の名があることであろう。残念なことに、この二種の垣については、前者の割注に[竹]、後者に[枝竹]とあるだけで他に説明がない。南禅寺牆は、今日造られている本歌の南禅寺垣と同じかどうか不明だが、多分別のものではないかと考えられる。妙心寺垣は、竹穂垣の一種であると推定できるが、その形はまったく分からない。

　しかし、この当時から禅寺の名の付いた垣のあったことは、「茶禅一味」というように、茶と禅の結び付きから、名高い京都の禅の名刹に造られていたような垣が、茶庭等に好まれたことを証明するものといえよう。

　さらにこの時代には、籬島軒秋里によって、京都の名園を網羅した『都林泉名勝図会』(寛政11年〈1799〉刊)や、作

7. 茶洗菱袖垣の図(『石組園生
八重垣伝』)

8. 鎧形袖垣の図(『石組園生八重垣
伝』)

庭秘伝書の『石組園生八重垣伝』(文政10年〈1827〉刊)が世に出されたが、そこには、多くの竹垣図が見られる。

特に『石組園生八重垣伝』は、図と共に竹垣等の各種を解説した画期的な書で、そこには三十七種の垣と十四種の扉や木戸の類が紹介されている[挿図7、8]。

その内には、今日ではほとんど見られなくなってしまったものもあるが、垣の名称などは、この書を原点としたものが多く、ここで初めて命名されたと思われる垣も少なくない。なかで、今も一般に造られている竹垣(作例の多少はある)には、

建仁寺垣、高麗垣、沼津垣、鉄砲袖垣、襖垣、鶯垣、四つ目垣、大徳寺垣、大津垣、立合垣

などがある。その記載については、できるだけ次項で紹介したいと思う。

なお、この項の最後に、竹垣の素材である竹について少々述べておきたい。

日本において、このように竹垣が発達した理由の一つとして、竹垣の工作に向く良質の竹が多く産したことを忘れてはならない。

古い時代に、どのような竹が使われていたかは、正確には分からないが、それは多分、マダケ、ハチク、メダケの類であったと思われる。

竹を記す古文献に最も多く出てくるのは、「呉竹」であって、これはまずハチクであると考えられている。『徒然草』には、

呉竹は葉ほそく、河竹は葉ひろし。御溝にちかきは河竹、仁寿殿の方によりてうえられたるは呉竹なり。

とある。ここにある河竹とは、本来漢竹と書き、メダケの別称である。メダケは女竹とも書き、今日いう篠竹はこのメダケ、ヤダケ、ハコネダケなど、細目の竹の総称としていわれている。

しかしながら、竹垣素材として最も優秀な竹といえるのはマダケであろう。マダケは、ハチクと共に日本原産の竹であって、枝は硬いが、真っすぐで、節間が長く、肉が薄く、しかも丈夫で腐りにくい。太さも色々あり、直径10cmもある太竹から、3cm前後の細竹(唐竹)まで入手できる。これほど竹垣の条件に合った竹は、他に求められないと思う。

日本には、このマダケがあったことによって、これほどまでに竹垣が発達したともいえるのである。

では、もう一種の重要な竹であるモウソウチクはどうか。古い時代には、この竹は一切使われていなかった。

それも当然で、モウソウチクは今から僅か250年程前の江戸時代中期に、中国の江南地方から渡来した日本では最も新しい竹なのである。その後、モウソウチクも竹垣に使われるようになったが、幹は節が短く、肉厚なので繊細な感覚の竹垣を造る場合、どうしてもマダケよりは劣っている。(ただし枝は柔らかく、竹穂垣の素材としては良質といえる)

中国には日本と同じマダケはなかったので、その点が竹垣の発達の差として表れたということも、一考する必要があろう。

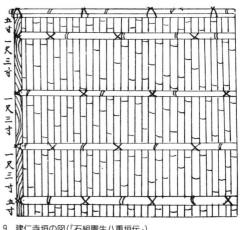

9. 建仁寺垣の図（『石組園生八重垣伝』）

竹垣の種類

建仁寺垣

遮蔽垣の中では、最も一般に多く造られている垣で、割竹を使う垣の基本的な構造を持っている。

この形式の垣は、すでに小史においてもふれたように鎌倉時代にはその先駆的なものがあった。しかし、名称の付いたのは江戸時代であると思われ、『石組園生八重垣伝』に、図［挿図9］と共に解説のあるのが古い例と考えられる。そこには、別に骨組の図も添えられており、「高さ六尺ならば右の寸法大小に随て此割合用ゆべし、此垣裏は四ツ割をもって組也、やらい表壱枚ならべ但し表は杭を見せず横ぶちばかり也」と説明されている。

後には、「草建仁寺垣」の図解と解説もある。

この垣は、その頃江戸においても流行していたとみえて、『石組園生八重垣伝』より三年後の文政13年(1830)に刊行された『嬉遊笑覧』に、「竹垣萩垣種々あれど、今江戸にて専らふとき竹を四ツ割にして垣とするを建仁寺垣といふ。近きこと〻見えて物にもしるさず、されども此寺もとよりよき竹有しと見えて……」などと述べられているのは、貴重な記録であろう。

建仁寺は、鎌倉時代に栄西禅師によって京都に開かれた禅の古寺で、当寺にこの形式の垣が多く造られていたために、垣の名となったと考えられる。ただし、当初のものがどのような形のものであったかは、一切分かっていない。

別説もいろいろあって、立子を意味する建子垣が、建仁寺垣に変化したとする説もある。また、東京ではこの垣を普通"けんねんじ"と発音していたので、建念寺という寺から出たのではないか、という説もあるが、これは

10. 建仁寺にある行の建仁寺垣

11. 天球院襖絵の見事な篠垣図

誤りで、"にん"を"ねん"と発音するのは典型的な江戸な
まりなのである。

　通常建仁寺垣は、胴縁を数段に渡し、それに立子を取
り付けて押縁を当てる形式であり、押縁四段が関西風、
五段が関東風となっている。

　また、上部に玉縁のあるものを真、玉縁のないものを
行、玉縁なく上部を乱れ手法にしたものを草、としてい
る。今は真形式が多いが、昔は行形式［挿図10］が多かっ
たともいわれている。草形式は主として侘び好みで、茶
庭の袖垣などに好まれる形である。

　この垣は、真形式の場合、敷地の外囲いとして塀代り
に用いられる例がかなり見られる。その場合、片面だけ
の作例をよく見かけるが、そうすると裏の景がまったく
見られないし、垣としても弱い。隙間も目立つので、で
きるだけ裏にも立子を用いた、両面形式とするのが望ま
しい。これを竹垣用語で"袷せ"という。

　また、関東方面では柱の半分かそれよりやや下に、む
め板を渡し、そこから下を四つ目垣とした、下透かし建
仁寺垣もよく造られている。

　現在作例の増してきた創作垣も、建仁寺垣の構造を土
台としたものが多く、その押縁に変化あるデザインを用
いたものが多数をしめている。

銀 閣 寺 垣

　名園で名高い京都慈照寺の総門付近から、長く続く参
道の片側に造られているものを本歌としている。寺は通
称を銀閣寺といい、そこからこの垣の名も起こった。

　この垣の特色は、石垣の上に造ることと、立子に太竹
の二つ割を使い、それに特別太目の押縁を石垣に接する

下部と、垣の中央に二段に掛けることである。参道に添
った長い垣と、その上にかぶさるように美しく刈り込ま
れたツバキ等の生垣が、この寺独特の荘厳な雰囲気をか
もしだしている。

　本歌は、昔は押縁にモウソウチクも使っていたが、今
はマダケが使われている。正式には、以上のような形式
が本来のはずだが、今日では建仁寺垣とまったく構造は同
じでも、押縁が二段の低い形式のものを一般に銀閣寺垣
と称している。下部には、石垣のないものも多いが、低
い垣であるだけに、石垣や土坡の上に造るのが最も美し
いと思う。

清 水 垣 ・ 篠 垣

　立子に細い清水竹を使用した垣を、清水垣という。

　清水竹は、細目の竹の総称としていわれている篠竹類
を加工したものの製品名で、さやを除き、表面を美しく
みがき、脂抜きを行い、曲がりを直して、太さと長さを
揃えて売品とする。

　加工しない篠竹をそのまま使用したものは、篠垣とい
っているが、形式は清水垣とほとんど変わらない。しか
し歴史は篠垣の方が古く、妙心寺天球院の襖絵(江戸初
期)中に、見事な窓付きの篠垣図のあることはよく知られ
ている［挿図11］。

　これらの垣の特色は、胴縁を用いず、立子の細竹をそ
のまま押縁で押えるところにある。こうすれば、裏表の
ない垣を造ることができる。この点は、これらの垣の最
大の利点といえるが、それだけに垣として弱いことは否
定できない。

　特に清水竹は、加工品であり、しかも表面が軟質であ

111

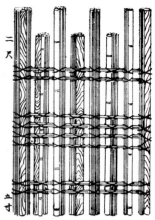

12. 短く造った木賊垣（市原市・宮吉邸）　　13. 同、木賊垣の特殊な縄掛け手法（同左）　　14. 鉄砲袖垣の図（『石組園生八重垣伝』）

るだけに、風雨や陽光にさらされるとはなはだ弱い欠点がある。したがって、そのような場所に用いるべきでなく、もっぱら軒下の垣や、袖垣とするのが普通である。

構造的に、清水垣と似ているものには、晒竹を使ったものもあるが、これも清水垣の一種と考えてよい。

さらに、立子を唐竹とした例も少なくないが、これだと建仁寺垣との中間的な垣ということになる。

清水垣のような細竹を使った垣では、どうしても立子があばれやすいので、押縁を多く掛ける必要があり、高さ1.80mの垣の場合、通常は五本から六本の押縁とするのである。

木 賊 垣

この垣の名称は、草のトクサから出ている。トクサはトクサ科常緑の多年草で、背は低いが日陰に強く、中空で節のあるところは、いかにも竹に似ている。木賊はトクサの漢字名である。

しかし、木賊垣とはトクサを使用した垣ではない。

割竹の立子の並んでいる姿が、いかにもトクサのようだ、というところから名付けられたもので、そのような竹を縦張りにした形式を「木賊張り」といった。

そして、この木賊張りでは、竹を立子として張っただけで、押縁などを一切用いない点に大きな特色がある。

したがってこの垣では、立子を木の胴縁に釘止めするか、竹の胴縁のときはしっかりと染縄でからげて行く。

その縄からげの美しさにこの垣の見所があって、いろいろな手法が伝えられている［挿図12・13］。

なお、木賊張りを塀に用いたものも多い。その場合は木賊塀といい、釘止めを原則としている。

鉄 砲 垣

鉄砲垣は非常に特殊な垣で、その名称についてもいろいろな説がある。この垣の鉄砲という名は「鉄砲付け」から出ていることは間違いない。それは、胴縁に立子を表裏表裏という風に取り付ける形式をいう。昔、戦場において、鉄砲を立て掛けた形から出た名称という。

その点からいえば、四つ目垣も鉄砲垣の一種ということになるが、これだけは別の垣として扱うのが約束になっている。

また、特殊な点は、遮蔽垣としても、透かし垣としても造られていることで、遮蔽垣とした場合でも、斜めからは僅かに背後が見えることが多い。

さらに、通常の垣としてより、袖垣として用いられる例がはるかに多いのも特色といえよう。

丸竹を数本ずつ表裏交互に取り付ける形式が一般的だが、各種の巻き立子を用いる例も、袖垣の場合普通に見られる。このとき、巻き立子を使ったものは別の名称で呼ぶという説もあるが、立子の種類は問わず、鉄砲垣というのが正しいと思う。

『石組園生八重垣伝』には「鉄砲袖垣」が図解されており［挿図14］、別に骨組の図もある。そこには「鉄砲垣結方は図のごとく骨組を拵へ、前長くうしろ短く段々と立ならべてよし、焼丸太、大竹、矢柄竹をもってするなり、また萩、大竹にてもよし、又芦、大竹、焼丸太其外見計何にても工夫に任べし」と解説があって、ここでは、立子の種類はどのようなものでも、鉄砲垣といっていることが分かる。この垣の一種には、特に太い丸竹を一本ごとに取り付けた「大竹鉄砲垣」もある。

15. 南禅寺垣の本歌

16. 美しい造りの黒文字垣（京都市にて）

南禅寺垣

　かつて京都五山の上位とされた、臨済禅宗の名刹南禅寺に本歌のある垣である。現在のものは、本坊方丈東北に昭和29年に建てられた茶席「不識庵」の西側に造られており、方丈裏庭の枯山水「六道庭」との境になっている。したがって、名物の垣としては新しい作と考えてよいであろう。

　すでに小史でも述べたように、作庭秘伝書『築山染指録』に、「南禅寺牆〔竹〕」とあるが、それ以上の解説がないので、この垣がどのようなものであったか不明である。今の本歌との関係も分かっていない。

　本歌の南禅寺垣は、柱の中央と上下に割竹の胴縁を渡し、そこに立子を一本ずつ交互に編み込んで行く。

　そして一定間隔にハギの立子を入れるのが、この垣の大きな造形的特色となっている。以前のものは、中央の胴縁をそのまま見せていたが、最近の作ではそこに割竹の押縁を当てている［挿図15］。

　どちらが本来の形か筆者には分からないが、以前の形式の方がこの垣らしかった。

　なお、一般にはこれと同じものはほとんど見られず、通常の建仁寺垣の中に竹穂を配したような、略式のものがよく造られている。

黒文字垣

　クロモジの枝を使った垣の総称であるが、主として枝を立子として用いたものを黒文字垣という。大きな分類では柴垣の一種に入る。

　クロモジは、クスノキ科の落葉樹で、低い山地に自生する灌木である。その枝には、よい香りがあり丈夫なので、これを皮を残して細く削り、つま楊枝にすることはよく知られている。

　この枝の長いものを揃えて陰干しにしておき、その曲がりを直して立子として用いるが、大変に手間がかかり高価である。しかし、枝は非常に長持ちするので、袖垣等には今日でもよく使われている。

　『石組園生八重垣伝』には、直接この垣の記載はないが、これとよく似た「鶯﹅箱」の図があり、「黒もしの柴かきなり、大竹の胴縁にて縄は梓木をねちりてくくるを杣むすびといふ、茶室第一の垣なり」と解説している。

　箱の文字は、本来"しょう"と読み、ささらを意味する語であるが、これを"かき"と読ませるのは当字であり、垣と同じ意味である。この鶯垣は、上部の枝を揃えず、自然な姿に開かせたもので、侘び好みの黒文字垣といえよう。

　黒文字垣は、鶯垣形式でなくても、通常玉縁を用いないのが一つの味わいとされている［挿図16］。

萩 垣

　やはり柴垣の一種であるが、こちらはハギの枝を使うもので、枝が細いだけに大変上品であり、女性的な感覚に仕上る。したがって、ハギはクロモジよりも用途が広く、いろいろな形で垣の細部などに用いられている。

　特に袖垣の素材としては、無くてはならぬ貴重な存在といえよう。

　萩垣の名称は作庭秘伝書の『築山庭造伝前編』（北村援琴編、享保20年〈1735〉刊）に、「萩垣の萩は七月八月に刈べし、落葉の後ハ宜しからず。柴垣の柴ハ十月より霜月極

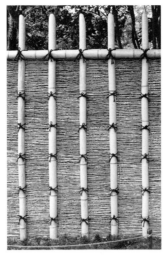

17. 庭の飾りとなる古式竹穂垣（山梨県・窪田邸）　　18. 堂々たる風格の桂垣本歌　　19. 同、細部竹穂の造形

月に刈べし、落葉の前ハ宜しからず。」と述べられている
のが早い例と思われる。

　萩垣といった場合は、その用法は大体に黒文字垣と同
様であって、ハギを立子として使う形式を原則とする。

　ハギを用いていても、その他の形式、例えば巻立子と
したような垣は、また別の名称で呼ぶのである。

　他の垣の細部に使うハギについては、『石組園生八重垣
伝』にも度々記載されている。

竹　穂　垣

　竹の枝を使った垣の総称が竹穂垣であり、「穂垣」とい
うこともある。しかし、この垣には様々な形式があって、
他の名称の付いている垣もまことに多い。そこで、その
ような垣は別として、一応竹穂を普通に立子として用い
たような垣を、竹穂垣といっている。（ただし、これには
例外もある）

　竹穂は通常、白穂と黒穂に分けられる。白穂は、ハチ
ク、モウソウチク、マダケ、等の枝をいっており、白茶
色になるところから出た名である。それは、クロチクの
枝、黒穂に対する名称としていわれるようになった。

　なお、黒穂に使うクロチクは、高知県産のものが色も
良く上質とされている。

『築山庭造伝前編』にこの竹穂を述べて「竹の穂垣の穂ハ
旬きりの竹勿論也、穂ハ湯を通すべし、」とあり、ここに
穂垣の名称が使われている。

　竹穂垣の形式には、竹穂を柴垣と同じように用いるも
のと、竹の細枝を芯とし、その表面に太目の枝を立子と
して並べ、押縁を掛けるもの。さらに、主として細枝を用
いて、数段に葺いて行くものがある。前二者は関西で好

まれており、後者は関東方面で黒穂の竹穂垣として多く
の作例がある。

　また、例は少ないが、竹穂を一定の太さに束ね、それ
を一本の胴縁に、両面から斜め交互に結び止めた形式
の古式竹穂垣もある［挿図17］。この造形は、平安、鎌倉時
代に柴垣の一種として多く造られていたものであるが、
竹穂垣として造られた例も『法然上人絵伝』等に描かれて
いる。上部で枝先を大きく交叉させた景色は、この垣の
特色といえよう。

　関西風の竹穂垣には、上に玉縁を用いず、自然な形に
開かせたものが多く、特に大きく開いたものを、別に茶
筌の形に見立てて「茶筌垣」ということもある。

桂　垣

　京都の桂離宮正門付近に、長く造られている雄大な竹
穂垣を本歌としている。明治時代にここが離宮になって
から、外囲いとして完成されたもので、そんなに古いも
のではないが、竹垣としては最高級の作といえる。

　最初は、今も桂川に面してみられる、生きたハチクを
枝折った独特な竹の生垣をいったものであり、竹垣の方
は、穂垣、桂穂垣、離宮垣、等といったが、今ではこの
竹穂垣を、桂垣というのが普通になっている。

　本歌は、細い竹穂を芯として、表面に太目の枝を横の
組子として用いるが、この枝を小枝付きのものとし、そ
の小枝を一間ごとに市松模様にさばくのが大きな特色で
ある。太竹半割りの押縁を縦に掛け、上部を斜めにそい
で長く突き出させた形が、この垣の独特な風格であり、
さらにその上に横押縁を渡す［挿図18・19］。

　非常に手間のかかる高価な竹垣なので、本歌と同形式

20. 桂垣風に割竹押縁を掛けた御簾垣（東京都・城官寺）

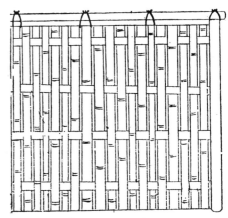

21. 大津垣の図（『石組園生八重垣伝』）

のものは少なく、小枝のない竹穂を使ったり、組子を竹穂に代えて、割竹や篠竹とした変形桂垣も多く造られている。次の御簾垣は、この桂垣を特に簡略化したものともいえよう。

御簾垣

御簾というのは、昔貴人が室内に下げて用いた一種の簾である。将軍などが、下位の者と対面するような場合、この御簾越しに言葉を交わしたが、それは顔を直接拝されないようにしたものであった。

この垣は、そのような御簾の形に似ているところから垣の名となったもので、別に簾垣の名もある。

構造は比較的簡単で、親柱の内側に縦溝を掘り、そこに横の組子を差し込んで行き、その上に表裏から縦の押縁を当てる。この押縁の掛け方は桂垣と似ている［挿図20］が、上部は斜めにそがないで、節止めとするのが普通である。押縁には、割竹の他に細丸竹を使う例もある。

組子には、晒竹を用いることが多いけれども、雨のかかるところでは、やや保存に難があるので、軒下などに用いたいものである。そこで組子を割竹としているものもよく見かける。

胴縁のない垣であり、遮蔽垣ではあるが、けっこう隙間も多い。その点、軽い感覚の竹垣といえると思う。

蓑 垣

昔、雨具として庶民の間でよく使われた、蓑の形に似ているというところから垣の名が出ている。

現在では、主として竹穂を用いて葺いたものが多く、特に黒穂を使った作が、関東方面で好まれている。

しかし、以前は竹穂と限ったものではなく、ハギを用いたものもよく作られていた。

蓑の特色として、この垣は竹穂等を下向きに葺いて行くのであって、上部に玉縁を掛けるだけで、原則として押縁を用いない。厚みのある、ふっくらとした独特の造形を持っているが、長く造ることは稀で、普通は袖垣としての作例が最も多い。

他の竹垣と組み合わせた、凝った形の垣もよく造られている。下を四つ目垣や木賊垣とした例もあり、上半分程を蓑垣としたものを半蓑垣、その下側をわざと不揃いにしたものを破れ蓑垣などと名付けている。

大 津 垣

この垣については、これまでにいろいろな説があって混乱が多く、はっきりしたことが分かっていなかった。

伝えによると、江戸時代の正徳元年（1711）に、朝鮮の使節が京から江戸に向かった時、大津の街道に造られたので、大津垣の名が出たという。

『石組園生八重垣伝』には、この垣の図［挿図21］を載せて、「朝鮮馬行又大津垣、組垣根ともいふ」とあり、さらに「此垣は大竹を四ツ割にして、骨組は建仁寺垣のごとく図とほりぜんぜんに組付けてゆくなり、建仁寺垣のうらの姿直に表へ向て本垣ねにしたるなり」と説明されている。馬行を"やらい"と読ませるのは、まったくの当字であって、正しくは行馬と書き、"こうば"と読む。これは、駒よけの柵などを意味する語である。

図で見るかぎり、この垣は今日一般に造られている大津垣とまったく同じもので、割竹の胴縁を渡し、そこに立子を交互に差し込んで行く形式である。

22. 沼津垣の図（『石組園生八重垣伝』）

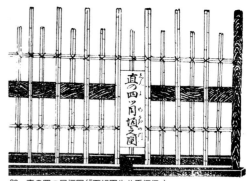

23. 真の四つ目垣図（『石組園生八重垣伝』）

この形は、今多く造られている矢来垣とはまったく別のもので、立子を編んで行く構造からいえば、明らかに網代垣の一種であることが分かる。竹垣名称としてこれを矢来というのは、誤りというべきであろう。

大津垣は、垣の中央部に押縁を掛けないのが普通だが、中には例外もある。割竹さえ用意すれば、比較的早く仕上げることができるのは利点といえるが、裏表がはっきりと決ってしまうのは弱点ともいえる。

沼 津 垣

沼津垣も網代垣の一種で、この形式は古く平安、鎌倉時代から「檜垣」として用いられていた。ただ、檜垣が檜の薄板などを使うのに対して、沼津垣は篠竹類を使って斜めに編むのが特色となっており、主に静岡県の沼津地方で、ハコネダケを編み込んだ垣が流行したことから垣の名となったものである。

『石組園生八重垣伝』にはその図［挿図22］があって、「沼津垣。大竹を割て網代に組図のごとくゆふ也、全体箱根丸竹の矢柄竹にて組を正銘とするなり」と述べられている。

これからすれば、割竹によって編んだものも沼津垣といえるのであって、実際その作例も多い。ただ、割竹を用いると裏表ができてしまうので、篠竹類がよいとされるのである。割竹の場合、その表裏を互い違いに編む方法もあるが、裏の肉の部分がどうしても早く変色してくるのが難点といえよう。

沼津垣は、細い竹を編み込んで行くために、その中央部がふくらみやすいので、数段に押縁を掛けるのが普通になっている。

四 つ 目 垣

透かし垣の中では、一般に最も多く造られている垣であり、唐竹を素材とする代表的な垣といえる。

名称の由来は、主に四段に胴縁を渡し、四つの目ができるからという説と、家紋の四つ目紋からでたとする説等があるが、前者が適当と考えられる。

その構造はまことに単純であり、柵に近いものといってもよい。古くからあった垣の形式であることは、平安鎌倉時代の絵巻物等に、類似した垣の描かれていることでも分かる。

『石組園生八重垣伝』には、「真四ツ目垣」「結込四ツ目垣」「草の四ツ目垣」の三種の図と解説があり、そのうち「真四ツ目垣」図［挿図23］には、「丈五尺にして長短は壱尺、横の間も一尺宛、此垣ゆいようはおしゆるに不及。」と述べられている。ここに図解されているものは、中央に板の胴縁を渡した特殊な四つ目垣で、下も生け込みとせず、移動可能なようになっている。

しかし、他の二種は胴縁を四段に渡したもので、中央の二本の胴縁を吹き寄せとするなど、今日造られているものと大差はない。

最近では、胴縁を三段とする作例が関東を中心に多いが、本来は四段が正式で、関西ではこれが普通のものになっている。四つ目垣は、特に茶庭の中門付近には不可欠の垣とされているが、これも四段胴縁が原則である。『茶道要録』（山田宗徧編）に、「一四目牆之事、猿戸ノ所必ス四目垣ニスベシ、高サ四尺一寸程横四本上下ヲ六寸ヅゝ置テ割合スル也、柱付ハ穴ヲ横竹ノ入程穿チ其内ニテ釘ヲ似テ留ル……」とあるのは参考になろう。

24. 鹿苑寺の金閣寺垣本歌

立子は、すべて一本ずつ立てるものと、表二本、裏二本、表一本、裏一本、というように配していくもの等があり、後者は関西風といえる。段は、胴縁を二段あるいは一段とした略式の作もあるが、立子を同じように鉄砲付けとしたものは、一応四つ目垣の仲間と考えている。

この垣は、胴縁と立子の交点を、しっかりいぼ結びとするが、上から二段目や四段目は、からげ手法とするのがよい。これには、四つ目からげ、かいずかからげ、等の種類がある。単純ではあるが、味わいある作とするのは非常に難しい垣といえよう。

金閣寺垣

臨済禅宗の名刹鹿苑寺は、日本屈指の美しい池泉と、金色に輝く楼閣「金閣」で名高い。金閣寺垣は、その境内に本歌のある足下垣の名作である。

池泉の北方には、豪快な滝石組「龍門瀑」があり、その付近から、上部の茶席「夕佳亭」方面にかけて二種の金閣寺垣が見られる。これに近い形式の垣は江戸時代にもあったが、今見るような垣が完成し金閣寺垣といわれるようになったのは、明治以降であると思われる。

この垣の大きな特色は、胴縁を用いず、柱間に低い立子を一列に配し、上に特に太い半割竹の玉縁を掛けることである。押縁は、本歌にも二通りの手法があって、低いものは、玉縁と同じ太竹半割のものを下に両面から一段渡す[挿図24]。やや高いものは、唐竹の押縁として、それを両面から二段に渡すのである。

しかし、これ以外の変形も一般には随分多く造られている。非常にすっきりした感覚の、しかも丈夫な構造であり、前庭の通路際等に用いて格式高い垣といえよう。

矢来垣

矢来というのは、特に竹垣に限ったものではなく、広い意味での柵をいう語である。正しくは、"やらい"は「遣い」が語源であって、遮断の柵のことをいった。

前の大津垣の項でも述べたように、『石組園生八重垣伝』では、馬行と書いて"やらい"と読ませているが、中国では「行馬」といい、道等に駒よけとして造られる簡単な柵をいったものであった。

したがって、矢来は木製の丸太で造った例もあり、また必ずしも斜め組みではなく、縦横組みとしたものも矢来というのである。

『石組園生八重垣伝』には別に、「柵又馬行」の図と解説があり、「杉檜などの丸太にて造る、また格子先などのものは八角、斧形等もあり、是古の塀垣といふは是なり」と説明がある。その図には、丸太に角貫を通した縦横組みの木の矢来が描かれている。

しかし、今日矢来垣といった場合は、いわゆる竹矢来を意味するのであり、竹を斜め組みとして用いる形式をいうものと考えてよい。一部に、これと大津垣を同じものと考える説もあるが、それは明らかに誤りである。

矢来垣は、大津垣のように編むのではなく、胴縁に対して組子を斜めに取り付けて行く構造を持っている。

この矢来垣は、手軽に造れて、しかも丈夫であったから、昔から臨時の垣として広く造られた。

江戸の大名屋敷等も、正門付近以外はこの矢来垣とされていた例が多く、尾張徳川家の下屋敷であった戸山荘の例では、二重に矢来垣が巡らされ、その総間数は実に3420間余におよんでいたという記録がある。

25. 孤篷庵門前の立派な矢来垣(京都市)　　26. 龍安寺垣本歌

庭園や茶庭の垣としても愛好され、『松屋日記』寛永18年(1641)の条にある「遠州伏見屋敷路地」の図中に描かれているほか、いろいろな図にこの垣が散見される。

通常は、柱に対して胴縁を三段から五段に渡し、そこに上部をそいだ組子を、斜めに倒して結び止める形式が多い。関東ではほとんどがこの式である。

それに対して京都を中心とした関西では、特に低い矢来垣がよく造られている。それは胴縁を用いず、太竹半割の組子を大きく倒して組み、上下に同じ太さの割竹押縁を掛けた形式である。大徳寺孤篷庵(京都市)の前庭にある、遠州好みと伝承する矢来垣[挿図25]などは、その代表作といえよう。

龍安寺垣

臨済禅宗の名刹龍安寺は、白砂の中に十五石を配した枯山水の名園を持つ寺として広く知られている。

その石庭のある本坊に至る参道に、長く造られているのが、龍安寺垣の本歌として知られる風雅な足下垣であって、本坊に上る広い石段の左右にも続いており、今では寺を象徴する風景としてすっかり定着した感がある。

この垣が造られたのは、そんなに古いことではなく、恐らく昭和初年頃と思われるが、年代ははっきりしていない。本坊方丈の東にある茶席「蔵六庵」の路地にも短いものが見られるので、当初はこの茶庭のために造られたのかも知れない。

本歌の龍安寺垣は、低く矢来垣のように組んだ割竹二枚合わせの組子の上部に、あまり太くない半割竹の玉縁を掛け、下にも押縁を掛けた形式である[挿図26]。

一見単純そうな垣であるが、細部によく工夫が凝らさ

れており、見えない玉縁の下には唐竹の胴縁が渡されている。下の押縁の内部には、忍びの割竹を通しており、これに組子を取り付けているのも特色といえよう。

この垣は、組子を地面に差し込まず、押縁で止め、浮かしているところが味わいであるが、一般にある作例では、下まで差し込んだ変形もかなり多い。

光悦垣

京都洛北鷹ヶ峰の地は、江戸初期きっての文化人として著名な本阿弥光悦が、芸術活動をくりひろげた所であった。光悦は元和元年(1615)に幕府の許可を得てこの地を貰い受け、書院式茶席「大虚庵」を営み、自らが法華信徒であったために、邸内に「法華題目堂」を建立した。この堂が光悦没後寺となり、その菩提寺として光悦寺になったものである。境内には光悦の墓もある。

当寺には、光悦ゆかりの「大虚庵」が、草庵式茶席に変身して復興されており、他にも数々の席が建てられているが、それらの茶庭と他の境内とを仕切るために、長く設けられているのがこの光悦垣本歌である。

実に全長約18mという雄大な規模の透かし垣であって、別に光悦寺垣、臥牛垣ともいう。伝承では、光悦の創意であるといわれるが、正確なことは明らかでない。

この形式の垣は、江戸時代から一般に作られていたことが、『都林泉名勝図会』等の図によって分かっているので、それを発展させたものとも考えられる。

形式は割竹二枚合せの組子を矢来垣風に組み、その上に竹枝を芯とし細割竹で巻いた形の太い玉縁を掛け、地表より少し上に表裏から丸竹半割りの押縁を渡す。

最大の特色は、玉縁を曲げ、やがて地面に着くように

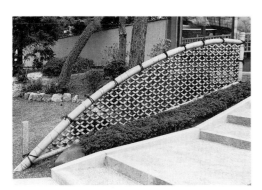

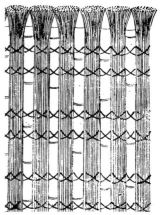

27. 細かい組子が特色の光悦垣（京都市にて）　28. 移動可能な、ななこ垣の景（山梨県・窪田邸）　29. 立合垣の図（『石組園生八重垣伝』）

用いることで、親柱を一方だけに立てる形は、袖垣を大規模にしたようなものともいえる。

現在では、組子を細丸竹としたような変形光悦垣も多く造られている［挿図27］。

二尊院垣

京都嵯峨小倉山の麓にある二尊院は、天台宗延暦寺派の古寺で、往生者を浄土に送り出す釈迦と、それを迎える弥陀の二尊を本尊とするところから寺名がでている。

この二尊院の参道や本堂前に、仕切りとして直線や円形に造られた特に低い足下垣が見られる。

近年の作になるもので、伝統的な垣ではないが、周囲の風景によくとけこんでおり、今では名物の垣の一つに数えられるようになった。

その形は金閣寺垣に近いが、唐竹の立子を少し離して立て、その間に斜めの組子を入れ、地面際に押縁を掛けた形式である。斜め組子は筋交いの役割を果たして垣を支えており、簡単な構造ながら理にかなった味わい深い垣といえるであろう。

ななこ垣

竹垣の中では、最も簡略化されたもので、竹を1〜2cm幅に割り、それをアーチ状に曲げて地面に差し込んで行く形式の垣である。特に日本的なものとはいえず、簡単な仕切として、どこの国においても行われている形であって、中国でもごく普通に造られている。

一般の住宅庭園よりも、公園等で用途の多いものであるが、太竹を半割にして台とし、そこに同じように竹を差し込んで造った移動可能のななこ垣もある［挿図28］。この形式のものは、家庭でも利用できる。

"ななこ"というのは、「魚子」「斜子」「七子」などの文字を当てるもので、ななこ織りというと、絹織物の一種で、織り方が魚卵の粒のように見えるものをいっている。その織り方に似ているところから、垣の名となったという説と、一名を「鱗垣」ともいうので、魚の鱗をいったものと考える説などがある。

その他の垣

竹垣には、以上の他にも、いろいろな名称の付いた垣がある。その中には、古書だけに見られる、非常に特殊な形式の垣もあるが、ここではかなり一般に造られているものや、少ないながらも作例のある垣にしぼって、その幾つかを簡単に説明しておくことにする。

松明垣──立子を竹穂やハギ等の巻立子としたものを松明形といい、そこからそのような立子を用いた垣を松明垣という人がある。しかし、鉄砲付けとしたものは鉄砲垣なので、胴縁の片面に取り付けたようなものをいうのが適当であろう。

立合垣──この垣は、松明垣にも近いもので、松明形のハギの巻立子を少し離して胴縁に結び、その間に割竹を入れた形式である。『石組園生八重垣伝』にその図と解説がある［挿図29］。

大徳寺垣─竹穂垣の一種で、小枝付きの太目の枝を使いその小枝を美しく左右にさばいて揃えて行く。本格的な作では小枝を反対側にひねり込んで押えるのである。『石組園生八重垣伝』に図と解説がある［挿図30］。

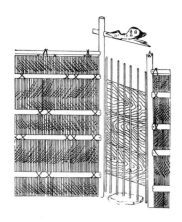

30. 大徳寺垣の図（『石組園生八重垣伝』）　　31. 庭門の支えとなる扇垣（山梨県・窪田邸）　　32. 見事な網干垣形式の創作垣（三重県・横山邸）

鎧　垣——蓑垣の一種で、竹穂やハギを上から段を付けて重ねて行くもの。その姿が、いかにも鎧のように見えるのでこの名がある。

檜皮垣——まず板を張り、その上に檜皮や杉皮を張り付けて細目の押縁を当てる形式の垣で、塀代りに用いる例も多い。

ひしぎ垣——一本の太竹の一方を割り、節を抜いてそのまま平らに押潰した形のものをひしぎ竹といっている。それを胴縁に張って押縁を掛けたものをいい、節が竹ごとに一直線に揃うのが特色となっている。

扇　垣——扇面垣ともいい、斜めの胴縁に唐竹や割竹を扇のように取り付けて行く形式の垣。ちょっとした空間をふさぐのに適する［挿図31］。

真背垣——間瀬垣とも書く。柴垣の一種で、細目の柱を立て、雑木の枝等を立子としてその柱が見えぬように両面から押し当て、押縁を掛けたものである。『石組園生八重垣伝』に図と解説あり。

衝立垣——衝立のように移動できるように造ったもので各種の垣が応用されている。

創 作 垣

庭園の作者が、それぞれの庭に合わせて新たに造った斬新な感覚の垣を、総称して創作垣といっている。

現代的なモダンなデザインの垣といってもよい。

原則として一庭に一例のみ造られるもので、作者の好みによって、特殊な名称の付けられる場合もある。

この垣の性質上、いろいろな形式があることは当然だが、構造の主流になっているのは、建仁寺垣と同じよう

に立子を張り（組子のこともある）、そこに自由なデザインの押縁を当てて行く形式である。その典型的なものに古くからある網干模様を取り入れた「網干垣」や、押縁で文字を表現した「文字垣」等がある［挿図32］。

創作垣では、作庭家として一時代を築いた故重森三玲氏が何と言っても第一人者であった。

袖 垣

建物に接近して親柱を立て、そこから短く造った形式の垣を、着物の袖に見立てて袖垣という。

袖垣には一方だけに親柱を用いるものと、通常の垣のように親柱を二本とするものがある。短いので、間柱を立てることは稀だが、特殊な大袖垣には間柱が用いられることもある。

また、目隠しと景とを兼ねるために、原則としては遮蔽垣とされるが、高麗垣のように、透かし垣となっている例もけっこう見られる［挿図33］。特に、『石組園生八重垣伝』にある袖垣図には、透かし垣や、一部が見通せるようになったものが多く描かれている。

竹垣の内で、おそらく最も種類が多いのは、この袖垣といえるであろう。それは、これまでに述べてきた垣の内、足下垣を除いた大部分の垣が、袖垣に応用されているからである。またそれらが結合した、複雑な垣の例も多く、実に変化に富んだ多数の造形がある。
『石組園生八重垣伝』以外にも、そのような凝った形の袖垣を多く図解した筆写本などが、かなり伝えられているけれども、多分に凝り過ぎといったものが多く、あまり参考にならない。

筆者の集めた実例から見た場合、最も例の多い袖垣は

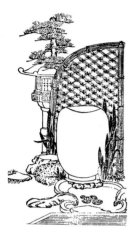

33. 高麗垣の図(『石組園生八重　　34. 中央を斜めに透かした袖垣(函館市・　　35. 破れ蓑垣に近い形式の凝った袖垣　　36. ハギを主体とした風雅な感覚の袖垣
　　垣伝』)　　　　　　　　　　　　　高龍寺)　　　　　　　　　　　　　　(豊川市・妙厳寺)　　　　　　　　　　(京都市にて)

鉄砲袖垣であり、次に蓑垣系袖垣が続く。

　竹穂垣や、黒文字垣の袖垣も、京都やその周辺には随
分造られている。また、どのような名で呼んでいいのか
分からないような袖垣も、全国的にかなり多数のものが
ある。そんな好例をここでは写真で紹介しておきたい[挿
図34・35・36]。

　この項の最後に、『石組園生八重垣伝』にある主要な袖
垣の数例を、簡単に解説しておく。

高麗垣――ハギ、竹穂、細竹等を細かい斜め組子とし、
　　　　上に曲線の巻玉縁を掛けたもの。この種類に、下
　　　　斜め半分を萩垣とした「腰高麗袖垣」もある。
茶洗菱袖垣―主にハギを使い、下を斜め組子とし、上部
　　　　は胴縁に細巻の巻立子を一列に結んだもの。今
　　　　日では例が少ない。茶洗は茶筌の当字である[挿
　　　　図7(109頁)参照]。
破窓月の袖垣―茶洗菱袖垣とほとんど同形式だが、中央
　　　　に円窓を設けている。図ではその窓から松を覗
　　　　かせた景を見せる。
鎧形袖垣――アーチ形曲線の巻玉縁を掛けた珍しい袖垣。
　　　　ハギを主体とするが、中央を斜めに透かし、そ
　　　　こに藤蔓を円形に巻いたものを多数組み込んで
　　　　いる[挿図8(109頁)参照]。
雲上袖垣――葭を立子として造る袖垣で、縁は杉丸太とし
　　　　細い押縁を掛ける。下を大きく曲線的に透かす
　　　　のが特色になっている。
覗　垣――葭やハギを用いるもので、中央に長方形の窓
　　　　を幾つか開けた形式。

竹 垣 以 外 の 構 造 物

　ここでは、竹垣の種類には入らないが、竹を用いた各
種の構造物について、簡単にふれておくことにする。

枝折戸――茶庭の中門に特に好まれている扉。細竹で長
　　　　方形の枠を組み、そこに皮を残して薄く長く削
　　　　った竹を、菱目に渡して行く。編むのではなく
　　　　それぞれの交点は染縄で結ぶ。『石組園生八重垣
　　　　伝』には、「西明寺枝折戸」の図がある。
揚簀戸――扉は枝折戸とまったく同じだが、それを上部
　　　　から吊した特殊な形式の門。主として茶庭のも
　　　　のといえる。その扉の下側に長い竹を取り付け、
　　　　これを突き上げて開けるのが普通で、この竹を
　　　　「戸杖の竹」という。
庭木戸・庭門――枝折戸や片木戸を取り付けた簡単なも
　　　　のから、屋根付きの本格的なものまで様々な形
　　　　式がある。竹を使うのは、主に扉であり、木の
　　　　桟に縦に細丸竹を打ち付けた形の、透かし戸と
　　　　される場合が多い。また屋根上に、檜皮等の押
　　　　えとして丸竹や割竹を用いる例もある。
駒寄せ――「駒よけ」ともいい、塀下に割竹を長く立て掛
　　　　けたもの。昔はもっと簡単な柵の例もあり、通
　　　　行の馬などが近寄れぬようにしたものであった。
　　　　今では、景としての役割が大きい。
竹柵・結界――竹柵は通路や寺院の参道等に造った、ご
　　　　く簡単な柵で、低い柱を立て、その上に丸竹を
　　　　渡した形式が多い。結界はその柵の一部を、出
　　　　入り可能とした構造をしゃれていったもの。

竹垣の分類

竹垣の形式というものは実に様々である。同種の垣であっても、部分的に変化を見せた形が多数あるし、他の種類の垣と結合した構造の垣もまことに多い。しかもその名称は、慣用的に名付けられたものがほとんどであって、時代と共に移り変ってきた例も決して少なくない。

したがって、竹垣を分類するということは大変困難な仕事であり、完璧な分類はまず不可能といえよう。

ここでは、竹垣をいろいろな方面から見ることによって、多種の竹垣を、できるだけ分かり易く整理してみることにした。中には、重複するものも多くでてくるが、それは竹垣の性質上やむをえぬことと理解してほしい。なお、本書では紹介しなかった名称の垣も加えておいたので、参考にして頂ければ幸である。

■垣の見通しによる分類

A．遮蔽垣———背後の景を遮断し目隠しとなる垣。
　〔例〕建仁寺垣、清水垣、木賊垣、黒文字垣、竹穂垣、
　　　　桂垣、大津垣、沼津垣、等。
B．透かし垣———背後が透けて見える垣。
　〔例〕四つ目垣、金閣寺垣、龍安寺垣、矢来垣、光悦
　　　　垣、二尊院垣、等。
　〔注〕遮蔽垣と透かし垣を結合させた形の下透かし建
　　　　仁寺垣や、下透かし竹穂垣もある。

■垣の用途による分類

A．囲　垣———敷地の周囲を塀のように囲う垣。
　〔注〕通常は遮蔽垣だが、透かし垣が用いられること
　　　　もある。
B．仕切垣———敷地内を様々に仕切る形式の垣。

〔注〕遮蔽垣、透かし垣、共に用いられ、特に垣の種類を選ばない。

■垣の高さによる分類

A．一般的な高さのもの（1ｍ前後から、それ以上）。
　　〔例〕建仁寺垣、清水垣、木賊垣、鉄砲垣、桂垣、御簾垣、蓑垣、大津垣、沼津垣、四つ目垣、等。
B．特に低い垣。(足下垣_{あしもとがき}といわれるもの)
　　〔例〕金閣寺垣、龍安寺垣、二尊院垣、ななこ垣、等。
〔注〕A，Bどちらの作例もある垣に、四つ目垣や矢来垣などがある。

■建物との関連による垣の分類

A．建物から離して造られるもの。
B．建物に付属したもの。袖垣が好例。
C．移動が可能なもの。衝立垣が好例。

■立子、組子の素材による垣の分類

A．竹の幹を用いるもの。
　　〔例〕建仁寺垣、銀閣寺垣、清水垣、木賊垣、御簾垣、大津垣、四つ目垣、金閣寺垣、龍安寺垣、光悦垣、等。
B．竹穂を用いるもの。
　　〔例〕竹穂垣、桂垣、蓑垣、等。
C．樹木の枝を用いるもの。
　　〔例〕黒文字垣、萩垣、柴垣、鶯垣、等。
D．樹皮を用いるもの。
　　〔例〕檜皮垣、等。
E．二種以上を混用するもの。

〔例〕南禅寺垣、鉄砲垣、等。

■立子、組子の用法による垣の分類

A．垂直の立子を用いるもの。
　　(1)　一列に使うもの。
　　〔例〕建仁寺垣、銀閣寺垣、清水垣、篠垣、南禅寺垣、金閣寺垣、随流垣、等。
　　(2)　交互に使うもの(鉄砲付け)。
　　〔例〕四つ目垣、鉄砲垣、等。
B．横の組子とするもの。
　　〔例〕御簾垣、桂垣、等。
C．斜めの組子とするもの。
　　〔例〕矢来垣、龍安寺垣、光悦垣、沼津垣、高麗垣、等。
D．編んで行くもの。
　　〔例〕大津垣、沼津垣、網代垣、等。
E．重ねて行くもの。
　　〔例〕竹穂垣、蓑垣、鎧垣、時雨垣、等。
F．張って行くもの。
　　〔例〕檜皮垣、ひしぎ垣、等。

■名称からの垣の分類

A．素材の名称によるもの(主として各竹垣の立子や組子に使用されている素材から名付けられる)。
　　〔例〕清水垣―――清水竹を使う。
　　　　　黒文字垣―――クロモジの枝を使う。
　　　　　萩　垣―――ハギの枝を使う。
　　　　　竹穂垣―――竹穂を使う。
　　　　　柴　垣―――雑木の枝を使う。

篠　垣————篠竹を使う。

檜皮垣————檜皮や杉皮を使う。

ひしぎ垣————ひしぎ竹を使う。

B．地名によるもの。

〔例〕大津垣————滋賀県の大津に昔造られたと伝承。

沼津垣————静岡県の沼津付近に多く造られた。

高麗垣————朝鮮風といった意味。

C．寺院名や所在場所によるもの。

〔例〕建仁寺垣————京都の建仁寺に最初に造られたと
伝承される。

大徳寺垣————京都大徳寺にあったと伝承される。

相国寺垣————京都相国寺にあったと伝承される。

長福寺垣————京都長福寺にあったと伝承される。

銀閣寺垣————京都慈照寺(通称・銀閣寺)に本歌
がある。

南禅寺垣————京都南禅寺に本歌あり。

金閣寺垣————京都鹿苑寺(通称・金閣寺)に本歌
がある。

龍安寺垣————京都龍安寺に本歌あり。

二尊院垣————京都二尊院に本歌あり。

桂　垣————京都の桂離宮に本歌あり。

D．人名によるもの。

〔例〕光悦垣————本阿弥光悦の名をとったもの。光
悦寺垣といった場合は寺院名とな
る。

利休垣————茶人千利休から名をとったもの。

遠州垣————茶人小堀遠州から名をとったもの。

宗和垣————茶人金森宗和から名をとったもの。

宗徧垣————茶人山田宗徧から名をとったもの。

業平垣————在原業平から名をとったもの。

小町垣————小野小町から名をとったもの。

E．形態などによるもの(その垣の形が、何かに似ている
といったところから、名付けられたものが多い)。

〔例〕木賊垣————草のトクサに似た立子の張り方か
ら。

鉄砲垣————鉄砲を立て並べたような形から。

御簾垣————御簾の形に似ているところから。

蓑　垣————蓑の形に似ているところから。

四つ目垣————四段に目ができるような形から。

矢来垣————矢来組にした組子の形式から。

ななこ垣————古くからある、紋様から。

鶯　垣————いかにも鶯が巣を掛けそうな形か
ら。

茶筅垣————上の開いた茶筅に似た形から。

松明垣————松明形の立子を使うところから。

鎧　垣————鎧に似た形から。

網代垣————網代模様を見せるところから。

襖　垣————襖に似た形から。

覗　垣————窓があって覗ける形式から。

三段垣————三段に重ねる形式から。

立合垣————立子を表面に立て並べる形式から。

衝立垣————衝立に似た形から。

屏風垣————屏風に似た形式から。

臥牛垣————いかにも牛が臥したような形から。

網干垣————海岸で網を干す形の模様から。

文字垣————表面に押縁で文字を表現する。

竹垣用語 (50音順)

足下垣〔あしもとがき〕

特別に背の低い垣で、人の足元に造られる垣といった意味。大体膝の高さ前後かそれ以下の垣をいう。金閣寺垣、龍安寺垣、二尊院垣、ななこ垣などは代表的なものであるが、時には四つ目垣なども、足下垣とした造られることがある。

いぼ結び〔いぼむすび〕

竹垣の最も基本的な結び方の一つで、略して普通は、"いぼ"といい、別に"ゆいぼ""男結び""四つ目の男結び"などともいっている。一名のように、四つ目垣に多用されるが、他の結びにも広く応用されている。

押縁〔おしぶち〕

竹垣の立子や組子の上に当てて、それをしっかりと押える役割の竹。同時に垣の大切な造形ともなっており、その掛け方によって竹垣の美は大きく左右されるが、細目の丸竹をそのまま掛ける例もある。横に使うのが普通といえるが、桂垣や御簾垣のように縦使いとする押縁もある。

男結び〔おとこむすび〕

「いぼ結び」に同じ。

親柱〔おやばしら〕

竹垣の支えとして地面に生け込む柱のうち、その構造の主体となる太目の柱をいう。多くは、垣の両端に用いるので、別に"留柱"といい、また"力柱"ということもある。ただし、袖垣の場合は、どちらか一方に立てることが多い。

飾り結び〔かざりむすび〕

縄結びは、垣を強く結び止めることに最大の目的があるが、さらにそれを美的な結び方として垣を飾ることも、竹垣の重要な造形の一つとなっている。最も多用されるのは、玉縁飾りであって、これにもいろいろな手法が知られている。

からげ手法〔からげしゅほう〕

縄の掛け方の一種であるが、結ぶのではなく、一本の縄で連続して立子や玉縁をからげて行く方法。主に、四つ目垣に多く用いられており、"四つ目からげ""かいずかからげ"などの種類がある。

唐竹〔がらだけ〕

造園関係者の間では、主に四つ目垣に使用するマダケの細竹を総称して唐竹という。これは、本来マダケの別称である"からたけ"から出たものであろう。

仮結び〔かりむすび〕

「いぼ結び」と手順は同じであるが、最後を完全に結ばず、一方の縄を引けば縄がほどけるようにした結び方。

組子〔くみこ〕

竹垣の表面に用いて景の中心となる竹や樹木の枝の総称だが、立子以外の、斜め使いや、横使いのものをいうのが普通になっている。遮蔽垣では、沼津垣、御簾垣などに例があり、透かし垣では、矢来垣、龍安寺垣、光悦垣などに主に使われている。

黒穂〔くろほ〕

竹穂垣に用いる竹穂の一種で、クロチクの枝をいう。黒っぽい色が佗びた独特の風合いを持っており、主に関東方面で好まれているのが特色といえよう。養垣の素材としても、広く用いられている。

差石〔さしいし〕

立子や組子を地面に差し込むと、長年の間に竹が腐ってくるので、垣の下部に適当な平天の小石を並べ、その上に竹を乗せることがある。この石を差石といい、丁寧な仕事とされている。

晒竹〔さらしだけ〕

マダケやハチクなどの細竹を加工したものの製品名。火であぶって脂抜きを行い、同時に曲がりを直して真っすぐに整えたもの。ただし、現在では多く薬品による脂抜きが行われている。御簾垣の組子に多く使われている。

枝折〔しおり〕

竹や木などを強く折り曲げることをいう。竹垣関係では、竹の皮を薄くそいだものを、折り曲げて造った枝折戸がある。

篠竹〔しのだけ〕

竹の一種で、特に細い竹である、ヤダケ、メダケ、ハコネダケなどの総称。篠垣はこれで造ったもの。

忍びの竹〔しのびのたけ〕

竹垣を造る時、主に竹穂垣の竹穂などを押えるために、作業中、仮に当てておく細割竹をいう。単に"忍び"ともいい、そのまま見えない位置に掛けておく場合と、完成前に引き抜いてしまう場合とがある。

清水竹〔しみずだけ〕

主に篠竹を加工した竹の製品名。その表面を美しくみがき、脂抜きを行い、曲がりを直して、一定の長さに切り揃えたもので、清水垣の材料とされる。

遮蔽垣〔しゃへいがき〕

竹垣を通して向こうの見えない、目隠しとなる垣の総称。たとえ低い垣でも、そのような構造になっているものは、遮蔽垣に分類される。建仁寺垣はその代表的なもの。

白穂〔しろほ〕

竹穂の一種の、モウソウチク、ハチク、マダケなどの枝をいう。クロチクの黒穂に対して色が白っぽいのでこの名が付けられた。しかし以前は、ハチクの枝に限っていったらしい。また、ホテイチクの枝だとする説もある。

真行草〔しんぎょうそう〕

竹垣以外にも、広く用いられている語で、ある形式の最も正式で格式の高いものを真といい、それを美しく崩した佗びた形式のものを草という。行はその中間的なものと考えてよい。竹垣には、主として建仁寺垣や四つ目垣などに、この真行草の形式がある。

透かし垣〔すかしがき〕

竹垣の向こうの景色が、透けて見える垣の総称。庭内などの仕切りのために用いられるが、その美しいデザインを見せる要素が特に大きい。四つ目垣や光悦垣は代表的なもの。

袖垣〔そでがき〕

主に建物のすぐ側に親柱を立て、そこから短く造った竹垣をいう。着物の袖のような形を見せるところからこの名が出た。玄関脇などに、目隠しと景を兼ねて造られている例が多く、遮蔽垣が普通だが、透かし垣もある。飾りの要素が強いので、総体的に凝った作りとされ、また、大変に種類が多いことも特色の一つである。

染縄〔そめなわ〕

通常竹垣を結ぶシュロ縄は、黒く染めたものを用いるので染縄という。今日使われている縄は、本物のシュロの繊維をよったものは極く僅かで、大部分のものはヤシの縄となっている。縄結びは、染縄を十分に水に浸して柔らかくしてから使う。

竹穂〔たけほ〕

竹の幹以外の枝の部分を総称して竹穂という。したがって、竹穂垣でも、竹の太枝を使うものから、枝先のしなやかな穂先を用いるものまで様々である。竹穂には、白穂と黒穂の区別がある。

竹矢来〔たけやらい〕

矢来とは、元々は広い意味での柵のことであって、竹とは限らぬものであった。しかし竹は生長が早く、どこでも手軽に入手できたので、竹で柵を造ることが多くなり、竹矢来の名称も起こった。竹柵は、本来すべて竹矢来であるが、今日では斜めに竹を組んだ矢来垣の別称として理解されている。

立子〔たてこ〕

竹垣の表面に用いる組子の一種であるが、その中で最も多く見られる縦使いのものを、組子といわずに別に立子といっている。丸竹、割竹、竹穂、木の枝など、どれを使った場合でも立子という。

玉縁〔たまぶち〕

竹垣の上部に、雨よけと景とを兼ねて渡される竹などをいう。割竹を用いる場合は、上の側面に表裏から押縁を掛け、上に笠竹をかぶせる例が多く、その全体を玉縁という。この他にも、竹穂やハギの枝を巻いた形式のものや、竹穂の上を細割竹で覆った形の玉縁もある。しかし、同じ種類の竹垣でも、玉縁を掛けない形式の垣も少なくない。

鉄砲付け〔てっぽうづけ〕

柱の間に胴縁を渡し、そこに表裏表裏というように、立子を結び止めて行く手法をいう。立子は数本を交互に用いてもよい。この形式を持った垣に、四つ目垣や鉄砲垣がある。

胴縁〔どうぶち〕

親柱と親柱の間に横に数段に渡して、竹の支えの中心となる構造材をいう。遮蔽垣の場合は原則として胴縁は見えなくなるので、竹以外の木材の垂木などを使うこともある。透かし垣の場合は、これが見えるものが多いので、丸竹などを使う。ただし、胴縁を用いない形式の垣もある。

ひしぎ竹〔ひしぎだけ〕

ひしぐ、というのは、押し潰すといった意味に近く、竹垣関係では、丸竹をそのまま開いて平らにした形のものをいう。当然のことに一本分ずつ節がきれいに揃うので、それを生かして張った垣を、ひしぎ垣といっている。

吹き寄せ〔ふきよせ〕

押縁の竹などを、二本接近させて用いることをいう。この場合、その二本を完全に合わせるのではなく、適度に離れている状態を意味している。

節止め〔ふしどめ〕

竹を切る場合に、節のすぐ上部で切ることをいう。こうして使うと丈夫であるし、竹の内部が見えないので見た目がよい。さらに丸竹の立子などでは、中に雨が溜らない利点があり、竹が痛みにくくなる。

振れ止め〔ふれどめ〕

上部に玉縁を掛けない遮蔽垣の場合、どうしても立子の上が乱れるため、垣の上側近くに横に細割竹や細丸竹を渡し、その乱れを押えることがある。それを振れ止めといい、主に竹穂垣や柴垣の類に用いられている。

本歌〔ほんか〕

一つの造形の源となった、最初の形式のものを総称している。竹垣では、はっきり本歌の分かっているものは案外少ないが、それでも金閣寺垣、龍安寺垣、光悦垣など、数例が知られている。

巻立子〔まきたてご〕

竹穂、クロモジ、ハギなどを巻いて束ねたものを立子にしたもの。多くは、鉄砲垣に使用されている。

巻柱〔まきばしら〕

竹垣の丸太柱の周囲に、細丸竹、細割竹、竹穂、クロモジ、ハギなどを巻き付けた柱。光悦垣や鉄砲垣に使うほか、主として袖垣の親柱として多用されている。

間柱〔まばしら〕

通常竹垣では、親柱を両端に立てて支えの主体とするが、距離のある垣の場合は、その中間にやや細目の柱を用いて支える。この柱を間柱といい、普通は1.80mごとに一本立てることが多い。

乱れ手法〔みだれしゅほう〕

立子の上部をそろえずに、一本一本不規則に高さを違えて行く手法をいう。侘び好みの形であり、建仁寺垣や四つ目垣にこれを用いた場合は、草の形式となる。

むめ板〔むめいた〕

地面からやや上った親柱の根元内側部分に切り込みを入れ、柱間に水平に渡す板の名称。この板の上に立子を立てると、竹が腐りにくく長持ちする。ときには柱中央の高い位置に渡すこともある。別に"ぬめいた"ともいっているが、板に溝などを掘らない、面の平らな板を建築用語で"無目板"といい、そこから出た用語と考えられるので、むめ板とするのが正しい。

山割竹〔やまわりだけ〕

太目のマダケを割って、長さ1.80mに揃え、一間分を一束としたもの。主に建仁寺垣の立子用として使われることが多い。

矢来〔やらい〕

「竹矢来」の項参照。

蕨縄〔わらびなわ〕

竹垣に用いる縄の一種で、ワラビの繊維を用いてよったもの。染縄と比べると格段に丈夫で、垣よりもはるかに長持ちするが、高価なので、現在では短い袖垣などに使われるくらいである。

割間〔わりま〕

竹垣を造るとき、垣の高さに対して何本の胴縁を渡すとか、柱の間に何本の立子を配するか、といった間隔を決めることをいう。これによって竹垣の造形は大きく変化してくるので、割間を決める場合は、設計段階でよく検討しておく必要がある。

On
Bamboo Fences

Isao Yoshikawa

History

Species of bamboo are found throughout the world. If the varieties of bamboo grass (*sasa*) are excluded from the classification, however, we find that most of the practically useful, high-quality bamboo is found in the Orient. Bamboo is a symbol of the cultures of the East, especially those of China and Japan.

China has a long history of using bamboo. Bamboo was being made into various practical articles even before the Christian era, and images of the plant were incorporated into paintings and poetry from early times. At the famous Han-dynasty Qufu Confucian shrine, an old stone monument in which is carved a beautiful representation of bamboo has come to be known as the "bamboo leaf stone." In the literary field, such ancients as Bo Juyi of the Tang dynasty and Su Dongpo of the Northern Sung dynasty employed images of bamboo in their writings. One early and well-known motif is "the seven wise men of the bamboo grove."

Looking at such a rich history, one would think that bamboo fences, or *takegaki*, would have been developed in China, but there are no such historical materials that can prove it. Simple bamboo barricades existed from early times, but fences such as those that exist in Japan were hardly ever made. One exception is the fences made to enclose flowers. Numerous Ming-dynasty paintings depict these fences, which are thought to have first been made during the Tang dynasty. Chinese-style bamboo fences reminiscent of Japanese *take-gaki* (Fig.1, p.106) can be found in ancient Chinese gardens preserved to the present day, but these are very few in number and do not exhibit the great variety found in bamboo fences in Japan.

That bamboo was appreciated from early times in Japan is known from references of it in *Manyōshū*, a collection of poems from the eighth century. By the Heian period (794–897), bamboo had found its way into the writings of many poets. Bamboo was at that time a symbol of coolness and so, according to old records, was planted on the north side of nobles' residences.

Although the construction of bamboo fences had not reached the state of development evident today, numerous forerunners of the *take-gaki* were constructed during Heian times. The prime example is the brushwood fence (*shiba-gaki*), made by clumping together branches of various trees, arranging them vertically, and holding them together with horizontal support poles (*oshibuchi*) made of the same clumped branches. These fences give their surroundings the air of a mountain hamlet and thus often appear in the literature of the women of the day as representations of *mono no aware*, "the pathos of things" In *The Tale of Genji* we have a prime example: "Surrounded by a rustic brushwood fence was a garden

scrupulously planted...." The scroll and other paintings of the Heian and Kamakura (1185–1333) periods have left us with many depictions of what brushwood fences looked like then (Fig.2, p.107). At Nomiya Shrine in Sagano, Kyoto, there remains a simple but attractive small brushwood fence (*koshiba-gaki*) from these early times (Fig.3, p.107). Because the brushwood fence is considered the direct ancestor of fences made of bamboo branches, it is today classified as a bamboo fence, or *take-gaki*, even though it is not made of bamboo.

Other Heian-period fences mentioned in early writings are the *suigai*, the *tate-jitomi*, and the *higaki*. The word *suigai* is derived from the same elements as the word *sukashi-gaki*, discussed below, the general term for see-through bamboo fences. *Suigai* were partitions of fine slats of wood or bamboo woven together loosely, so that one could see through them. In *The Tale of Genji* we read: "A bamboo *suigai* enclosed the princesses' room, forming a particularly severe boundary."

Tate-jitomi were built as partitions within a room. A passage from the *Pillow Book* of Sei Shōnagon gives evidence that they were different from *suigai*: "When one sits near a *tate-jitomi* or *suigai*, there is a certain elegance in hearing a voice saying, 'it looks like it's going to rain.'" Although most were made of Japanese-cypress bark (*hiwada*) and woven in wickerwork (*ajiro*) fashion, some *tate-*

jitomi were woven of bamboo. In a fourteenth-century picture book depicting the Buddhist monk Kōbō Dai-shi's teachings (*Kōbō Daishi Gyōjō Emaki*), there is clearly pictured a *tate-jitomi* with end posts of stout bamboo (Fig. 4, p. 107).

The *higaki*, or Japanese-cypress fence, is a partition of thin slats of Japanese cypress woven in wickerwork fashion and as such is very closely related to the *tate-jitomi*. The *higaki* is so defined in *Wakun no Shiori*, an Edo-period (1615–1867) dictionary, and the eleventh-century book of tales *Konjaku Monogatari* speaks of "a very large house enclosed by a very long *higaki*."

In any event, the eventual development of bamboo fences came about as a result of successive gradual changes in these early partitions. Fences similar to what we know today as bamboo branch fences (*takeho-gaki*) and kenninji fences began to appear during the Kamakura period, as is evident in the drawings of them in picture scrolls of the day. In one scroll especially, the *Hōnen Shōnin Eden*, numerous fences are depicted, including brushwood, bamboo branch, and wickerwork (*ajiro-gaki*), fences; that a kenninji fence is also depicted is very interesting (Fig. 5, p. 108).

The word *sode-gaki* ("sleeve," or wing, fence) appeared during this period as well. A poem by Minister of the Left (Sadaijn) Hanazono found in the early fourteenth-century *tanka* collection *Fuboku Waka Shū* reads.

Evidently the handiwork
of an unrefined
mountain dweller—
open morning glories climbing
on the brushwood *sode-gaki*

This is a very early mention of this kind of fence.

The next important stage of development of bamboo fences in Japan took place during the Momoyama period (1568–1615), when the tea ceremony was developed by such masters as Sen-no-Rikyū. Tea-ceremony gardens were developed, and bamboo fences became a requisite fixture of these. Simple see-through fences (*sukashi-gaki*) such as four-eyed fences (*yotsume-gaki*), and subdued brushwood fences were used most. Eventually, *sode-gaki* were erected next to tea-ceremony houses as well (Fig. 6, p. 108). These fences were not made to serve as mere barriers, but were put up to add the proper atmosphere to the garden and to fit the spirit of the tea ceremony itself. As such, they are a superb expression of Japanese aesthetics.

The next two and a half centuries, the Edo period, were a time of peace under the Tokugawa shogunate. Creativity in the development of bamboo fences for ordinary and tea-ceremony gardens flourished throughout the nation, giving rise to a large variety of fences. Bamboo fences were depicted in the paintings and illustrations of the day, and several simple drawings of them appeared in a tea-ceremony guide entitled *Kokon Sadō Zensho*, published in 1694.

"Secret books" passing on the art of garden making were made during the period and included mentions of bamboo fences, and illustrated books contained drawings of them. One "secret book" on garden making, entitled *Tsukiyama Senshi Roku* (1797), lists 13 fences in the "fences" section, some of which are virtually unknown today. Two of particular interest are the nanzenji fence and the myōshinji (Myōshinji Temple) fence (*myōshinji-gaki*). Unfortunately, the only explanation of the former is that it is of bamboo. It is unclear whether this nanzenji fence is the same as the original one (discussed in the main text of this book); it is likely that it is not. The only words accompanying the myōshinji fence entry are "bamboo branches." Although we can conjecture that it is one type of bamboo branch fence, we have absolutely no idea of what it looked like. However, we do know that because of the close relationship between Zen and the tea ceremony, fences originally built around and named after Zen temples were constructed for tea-ceremony gardens as well.

Two works by Ritōken Akisato depict many bamboo fences: one, a collection on Kyoto gardens entitled *Miyako Rinsen Meishō Zue* (1799), and the other, a "secret book" on garden making entitled *Iwagumi Sonou Yae-gaki Den* (1827). In the latter are presented illustrations and explanations of 37 kinds of fences and 14 kinds of doors (Figs. 7, 8, p. 109). Although some of the fences listed are hardly seen today, many are, and this book is the earliest book known in which many of these are mentioned. Some fences in the 1827 book that will be described in more detail in the present book are the kenninji fence, the numazu fence, the teppō *sode-gaki*, the four-eyed fence, and the ōtsu fence.

Materials

One reason bamboo fence making developed to the extent it did in Japan is the great amount of good, suitable bamboo available. What kinds of bamboo were used in old times are not known, although we may speculate that the *ma-dake*, *hachiku*, and *me-dake* varieties were. The bamboo most often mentioned in the early literature is *kuretake* bamboo, probably what we know today as *hachiku*, a sturdy variety. The early fourteenth-century miscellany *Tsurezure-gusa* states: "*Kuretake* has fine leaves, and those of *kawatake* bamboo are broad. The one near [the *Seiryōin* Palace's] garden ditch is *kawatake*, the one growing in the area of the Jijuden [a mansion of the palace] is *kuretake*." *Kawatake* is now known as *me-dake*, which is one subvariety of *shino*, a fine bamboo.

131

The most suitable variety of bamboo for fence building, however, is *ma-dake*. *Ma-dake*, along with *hachiku*, was originally cultivated in Japan. (Perhaps it is because *ma-dake* did not exist in China that bamboo fence construction never gained currency there.) It is very straight, its branches are hard, the inter-joint space is long, and its wood is thin. *Ma-dake* is strong and does not rot easily. It grows in varying thicknesses: stouter kinds are up to 10 cm in diameter, and finer kinds are around 3 cm thick (these latter are also called *gara-dake*).

One other important variety of bamboo, *mōsōchiku*, was not brought to Japan until about 250 years ago, from the Jiangnan region of China. The most recently imported variety of bamboo, *mōsōchiku* also became a popular material for bamboo fences. Because of short inter-joint space and thick wood of *mōsōchiku*, it is generally considered inferior to *ma-dake* for fence construction. However, since its branches are quite pliant, it is a good material for bamboo branch fences.

Classification

There is a great variety of bamboo fences. Within any given type there are subvarieties, and different kinds may be combined into one fence. Their names are almost always based on words from everyday life and often change with time. Thus, classification of bamboo fences is very difficult; in fact, a perfect classification is probably impossible.

The present section presents several easily understandable classification schemes. Below each group are given varying numbers of examples. (The translated names of the fences are used; where these differ from the Japanese name, that name is given in parentheses, but without the suffix-*gaki*, "fence.") Because the fences can be classified by different variables, there is naturally going to be a good deal of overlap. A few fences not included in this book are listed below for the reader's reference.

I. Classification based on visibility
A. Screening fences (*shahei-gaki*; fences that cannot be seen through)
    Kenninji, shimizu, tokusa, spicebush (*kuromoji*), bamboo branch (*takeho*), katsura, ōtsu, and numazu fences
B. See-through fences (*sukashi-gaki*)
    Four-eyed (*yotsume*), kinkakuji, ryōanji, stockade (*yarai*), kōetsu, and nison'in fences
Note: Fences can be made combining these two distinctions, for example, kenninji and bamboo branch fences with

lower parts that can be seen through (*shita sukashi*).

II . Classification based on use
A . Enclosing fences (*kakoi-gaki*; usually screening fences, sometimes see-through fences)
B . Partitioning fences (*shikiri-gaki*; any kind of screening fence or see-through fence can be used)

III . Classification based on height
A . Fences of ordinary height (one meter or more high)
Kenninji, shimizu, tokusa, teppō, katsura, bamboo screen (*misu*), raincoat (*mino*), ōtsu, numazu, and four-eyed (*yotsume*) fences
B . Low fences (*ashimoto-gaki*, or "foot-level fences")
Kinkakuji, ryōanji, nison'in, and nanako fences
Note: Stockade (*yarai*) fences can be made either way, and four-eyed fences can be made low.

IV . Classification based on relationship to buildings
A . Fences made away from buildings
B . Fences integrally related to buildings, e.g., *sode-gaki* (wing fences)
C . Movable fences, e.g., tsuitate fences

V . Classification based on the materials used for the frets (*kumiko* and *tateko*)
A . Bamboo trunks used

Kenninji, ginkakuji, shimizu, tokusa, bamboo screen (*misu*), ōtsu, four-eyed (*yotsume*), kinkakuji, ryōanji, and kōetsu fences
B . Bamboo branches used
Bamboo branch (*takeho*), katsura, and raincoat (*mino*) fences
C . Tree branches used
Spicebush (*kuromoji*), bush clover (*hagi*), brushwood (*shiba*), and uguisu fences
D . Tree bark used
Japanese cypress bark (*hiwada*) fences
E . Combinations of the above used
Nanzenji and teppō fences

VI . Classification based on the arrangement of frets (*kumiko* and *tateko*)
A . Fences using vertical frets (*tateko*)
1. Using a single row of vertical frets
Kenninji, ginkakuji, shimizu, shino, nanzenji, ginkakuji, and zuiryū fences
2. Using an alternating (back-front, back-front) arrangement of vertical frets (*teppō-zuke*)
Four-eyed (*yotsume*) and teppō fences
B . Fences using frets (*kumiko*) horizontally arranged
Bamboo screen (*misu*) and katsura fences
C . Fences using frets (*kumiko*) diagonally arranged
Stockade (*yarai*), ryōanji, kōetsu, numazu, and kōrai fences
D . Fences with woven fretwork
Ōtsu, numazu, and wickerwork (*ajiro*)

fences

E . Fences with layered fretwork
Bamboo branch (*takeho*), raincoat (*misu*), armor (*yoroi*), and shigure fences

F . Fences with fretwork attached in neat rows
Japanese cypress bark (*hiwada*) and hishigi fences

VII . Nomenclature classifications
A . Fences named after the material used (usually the material for the frets, *tateko* and *kumiko*)
Shimizu fence: made of *shimizu-dake* bamboo
Spicebush (*kuromoji*) fence: made of branches of this plant
Bush clover (*hagi*) fence: made of branches of the Japanese bush clover
Bamboo branch (*takeho*) fence
Brushwood (*shiba*) fence: made of the branches of various trees
Shino fence: made of *shino* bamboo
Japanese cypress bark (*hiwada*) fence
Hishigi fence: made of *hishigi-dake* bamboo

B . Fences named after place names
Ōtsu fence: after early fences made in Ōtsu, Shiga Prefecture (traditional derivation)
Numazu fence: after fences built near Numazu, Shizuoka Prefecture
Kōrai fence: because the fences have a Korean appearance ("Kōrai" is the name of an early Korean dynasty and an old Japanese word for the Korean peninsula)

C . Fences named after Buddhist temples (*-ji*) and other specific places
Kenninji fence: first made at Kenninji in Kyoto (traditional)
Daitokuji fence: was at Daitokuji in Kyoto (traditional)
Sōkokuji fence: was at Sōkokuji in Kyoto (traditional)
Chōfukuji fence: was at Chōfukuji in Kyoto (traditional)
Ginkakuji fence: original is at Jishōji (also called Ginkakuji) in Kyoto
Nanzenji fence: original is at Nanzenji in Kyoto
Kinkakuji fence: original is at Rokuonji (also called Kinkakuji) in Kyoto
Ryōanji fence: original is at Ryōanji in Kyoto
Nison'in fence: original is at Nison'in (a temple) in Kyoto
Katsura fence: original is at the Katsura Detached Palace in Kyoto

D . Fences named after people
Kōetsu fence: after Hon'ami Kōetsu (1558—1637), a Kyoto craftsman (The fence is also called a kōetsuji fence, in which case it can be classified under the temple grouping, above.)
Rikyū fence: after Sen-no-Rikyū (1521—91), a tea master
Enshū fence: after Kobori Enshū (1579—1647), a tea master
Sōwa fence: after Kanamori Sōwa (1758—1656), a tea master

Narihira fence: after Ariwara-no-Narihira (825—80), a poet

Komachi fence: after Ono-no-Komachi, female poet of the Heian period (794—897)

E . Fences whose names are based on their appearance, especially on other things they resemble

Tokusa fence: arrangement of fretwork (*tateko*) resembles *tokusa*, a kind of rush

Teppō fence: resembles vertical rows of rifle barrels, *teppō*

Bamboo screen (*misu*) fence: resembles a bamboo screen

Raincoat (*mino*) fence: resembles an old straw raincoat

Four-eyed (*yotsume*) fence: rows are arranged such that there appear to be four open spaces horizontally

Stockade (*yarai*) fence: diagonal arrangement of fretwork (*kumiko*) resembles a bamboo stockade

Nanako fence: resembles the ancient *nanako* pattern

Uguisu fence: because the top of the fence looks like an inviting place for *uguisu* (Japanese bush warblers) to nest

Tea whisk (*chasen*) fence: fence top resembles tea whisks

Torch (*taimatsu*) fence: vertical frets (*tateko*) are arranged into torch shapes

Armor (*yoroi*) fence: resembles ancient armor

Wickerwork (*ajiro*) fence: resembles a wickerwork pattern

Fusuma fence: resembles a sliding door (*fusuma*)

Nozoki fence: has windows that can be looked through (*nozoku*, in compound words, *nozoki*)

Three-tiered (*sandan*) fence: has three vertical levels

Tachiai fence: because of the alternating arrangement of two different types of vertical frets in the front of the fence

Tsuitate fence: resembles an small partitioning screen (*tsuitate*) used in a room

Folding screen (*byōbu*) fence: resembles a folding screen used in a room

Gagyū fence: resembles a cow (*gyū*) lying down (*ga*).

Aboshi fence: resembles somewhat the pattern made by nets (*a*, or *ami*) drying (*-boshi*, from *hoshi*) at the seaside

Moji fence: support poles (*oshibuchi*) are arranged to look like characters or letters (*moji*).

Glossary

Note: A number of words not used in the main text are included below for reference.

● *ashimoto-gaki* (foot-level fence): a low-lying fence, about knee height or less. Common *ashimoto-gaki* are the kinkakuji, ryōanji, nison'in, and nanako fences; four-eyed fences (*yotsume-gaki*) are also made as *ashimoto-gaki*.

● beading: see *tamabuchi*

● bundled *tateko*: see *tateko*

● *-dake*: the suffix form of *take*, bamboo

● *dōbuchi*: translated here as "horizontal frame pole"; a main horizontal supporting piece extending between the posts of a fence. In screening fences (*shahei-gaki*), the *dōbuchi* are usually hidden, so they can be of ordinary pieces of wood. In see-through fences (*sukashi-dake*), however, they are usually visible, so round bamboo is often used. Some fences are made without *dōbuchi*.

● *fukiyose*: an arrangement in which two long pieces of bamboo, such as *oshibuchi*, are brought nearer to each other than usual (but not made to touch)

● *furedome*: a long thin piece of round or split bamboo attached horizontally near the top of a fence not having *tamabuchi*, to hold the *tateko* in place. Used for screening fences (*shahei-gaki*), notably bamboo branch fences (*takeho-gaki*) and brushwood fences (*shiba-gaki*).

● *fushidome*: cutting bamboo poles just above the joints (*fushi*). This method gives stronger pieces and hides the inside of them (since there is a flat "plate" at the joints), thus making them more sightly and resistant to rain.

● *-gaki*: the suffix form of *kaki*, fence

● *gara-dake*: a name used among landscape architects for thin *madake* bamboo. *Gara-dake* is used mainly for four-eyed fences (*yotsume-gaki*).

● *gyō*: see *shin-gyō-sō*

● *hachiku*: a sturdy species of bamboo

● *hashira, -bashira*: a post. The main, sturdy posts of a bamboo fence, usually the two posts at the ends, or the single post of a *sode-gaki*, are called *oya-bashira* (or *tome-bashira* or *chikara-bashira*). Relatively narrow inner posts of a long fence, spaced

about 1.8 meters apart, are called *ma-bashira*. *Maki-bashira* are log posts wound with fine round or split bamboo, bamboo branches, spicebush (*kuromoji*), or bush clover (*hagi*) and are used mainly kōetsu and teppō fences *sode-gaki*.

● *hishigi-dake*: a stalk of bamboo that has been crushed, making a lot of vertical cracks, and then "unfolded" into a more or less flat piece. A handsome fence, called a *hishigi-gaki*, is made when such pieces are arranged vertically so that their joints line up.

● *honka*: translated here as "the original fence"; the first fence of a given type. The originals of most bamboo fence types have not been determined; some of those which have known *honka* are the kinkakuji, ryōanji, and kōetsu fences.

● horizontal frame pole: see *dōbuchi*

● *kaki, -gaki*: a fence

● *Karage shuhō* (karage method): a joining method using rope, but not involving tying. A single piece of rope is wound around a *tateko*. Used mostly with the four-eyed fence (*yotsume-gaki*), the *karage* method has such variations as *yotsume karage* and *kaizuka karage*.

● knots: see *nawa musubi*

● *kumiko*: translated here as "frets" or "fretwork"; diagonal or horizontal branches of wood or pieces of bamboo serving a decorative (as opposed to supporting) function in bamboo fences. Among screening fences (*shahei-gaki*), *kumiko* are found mainly in the numazu fence and bamboo screen fence (*misu-gaki*); among see-through fences (*sukashi-gaki*), *kumiko* are used mainly in the stockade fence (*yarai-gaki*), ryōanji fence, and kōetsu fence.

● *kurochiku*: a black variety of *hachiku* bamboo

● *kuroho*: the black branches of *kurochiku* bamboo. Used mainly in the Kantō area and often for raincoat fences (*misu-gaki*), *kuroho* give a fence a subdued atmosphere.

● *ma-dake*: a common species of bamboo

● *midare shuhō* (*midare* method): purposely making the lengths of the *tateko* different so that the top of a fence is uneven. When the method is used for kenninji fences and four-eyed fences (*yotsume-gaki*), the result is a *sō*

fence.

● *mōsōchiku*: a species of thick-stemmed bamboo

● *mume ita*: a piece of wood running between two posts, connected to the posts near ground level. *Tateko* resting on the *mume ita* do not rot as easily as they otherwise would.

● *nawa musubi*: rope tying, the main method used for holding bamboo fences together. The basic form is *ibo musubi*, also called simply *ibo*, or *yuibo*, *otoko musubi* (man's knot), or *yotsume no otoko musubi*; as the last variant indicates, one of the main uses of *ibo musubi* is for four-eyed fences (*yotsume-gaki*). A *kari musubi* is an *ibo musubi* purposely tied to come apart when one of the ends is pulled. Tied rope also often serves an important decorative purpose (*kazari musubi*), the most common method being *tamabuchi musubi* (which has several variants) used to attach the *tamabuchi* to the top of the fence. Ropes used are those of the hemp palm (hardly available today) and the coconut palm, which may be dyed black (*somenawa*). *Somenawa* are well soaked in water to soften them before using. A sturdier rope, called *warabi nawa*, is that made from fibers of bracken (*warabi*). *Warabi nawa* is rather expensive, so its use today is limited mostly to small *sode-gaki*.

● *oshibuchi*: translated here as "support pole"; pieces of bamboo placed tightly over *tateko* and *kumiko* to hold them in place. Stout bamboo split in half is usually used, although fine round-bamboo *oshibuchi* are sometimes seen. *Oshibuchi* are usually placed horizontally, but in such fences as the katsura fence and the bamboo screen fence (*misu-gaki*), they are arranged vertically. The arrangement of the *oshibuchi* influence greatly the overall beauty of a fence.

● post: see *hashira*

● *sarashi-dake*: a processed form of *ma-dake* or *hachiku* bamboo. Thin pieces of bamboo are heated over a flame to remove the oils (today, chemicals are often used instead of fire), and the bamboo is straightened. Used often for the *kumiko* of bamboo screen fences (*misu-gaki*).

● *sashi ishi*: small, flat stones upon which a bamboo fence rests; the stone are placed on the ground to support the fence, since the part of the posts in the ground will eventually rot.

● **screening fence**: see *shahei-gaki*

● **see-through fence**: see *sukashi-gaki*

● **shahei-gaki**: a bamboo fence that cannot be seen through. A typical variety is the kenninji fence.

● **shimizu-dake**: polished, straightened *shino* bamboo from which the oils have been removed. Pieces are of set length and used to make shimizu fences.

● **shin-gyō-sō**: refers to three forms of style in many fields. *Shin* is the most formal, proper style; the *sō* form breaks down the *shin* in a beautiful but subdued way; and the *gyō* is a form between the other two. In bamboo fence-making, the kenninji fence, four-eyed fence (*yotsume-gaki*) and others exhibit the three forms.

● **shino, shino-dake**: a small, thin kind of bamboo; varieties include *ya-dake*, *me-dake*, and *hakone-dake*.

● **shinobi no take**: thin split bamboo used to hold bamboo branches in place during the process of constructing a bamboo fence; also called *shinobi*. Sometimes the *shinobi no take* are left as part of the fence, if they are invisible; in some processes they are removed entirely before the fence is completed.

● **shiori**: the process of severely bending bamboo or wood

● **shiroho**: light-colored bamboo branches of such varieties as *mōsōchiku*, *hachiku*, and *ma-dake* bamboo.

● **sleeve fence**: see *sode-gaki*

● **sō**: see *shin-gyō-sō*

● **sode-gaki** (lit, sleeve fence: also, wing fence): any of many varieties a small bamboo fence with a single post standing against a building, used most for decorative purposes; so named because they resemble the sleeve (*sode*) of a kimono. Screening fences (*shahei-gaki*) are the more common type (often seen alongside gates), but see-through fences (*sukashi-gaki*) also exist.

● **sukashi-gaki**: a bamboo fence that can be seen through, used widely for fences serving as inner partitions in gardens. The kōetsu fence and four-eyed fence (*yotsume-gaki*) are typical examples.

● **support pole**: see *oshibuchi*

● **take, -dake**: bamboo

● **take-gaki**: a bamboo fence

● **takeho**: bamboo branches

● **tamabuchi**: bamboo or other molding placed along the top of a fence as decoration and to protect the fence from the rain. *Tamabuchi* of split bamboo, bundled bamboo or bush clover (*hagi*) branches, and bamboo branches covered with fine split bamboo exist. When split bamboo is used, *oshibuchi* may be attached to both sides of the top of the fence and a *kasadake* placed on the top; the entire arrangement is called a *tamabuchi*. Fences of a given type may bave varieties with or without *tamabuchi*.

● **tateko**: translated here as "vertical pole" or "vertical piece"; a vertical *kumiko* (fret), of round bamboo, split bamboo, bamboo branches, wood, etc. *Maki tateko* are branches of bamboo, spicebush (*kuromoji*), bush clover (*hagi*), etc., wound and bundled together; they are used mainly for teppō fences.

● **tying methods**: see *nawa musubi*

● **vertical piece, pole**: see *tateko*

● **warima**: the spacing of horizontal elements with respect to the overall height of a fence, and of vertical elements with respect to the width between posts

● **wing fence**: see *sode-gaki*

● **yama wari-dake**: standard (1.80 meters) lengths of stout split bamboo, used mainly for the *tateko* of kenninji fences

あとがき

　素材が竹である、この日本独特の伝統を受けついだ竹垣を求めて、各地をまわりましたが、竹垣の面白さは作られてからの時間によって、その美しさや趣が変化することにあると思うのです。緑も濃く、縄も黒く、がっちり構えた竹垣。工芸品を思わせる程細微に編みこまれた竹垣。それらは竹垣そのものの存在感があり、正月の門松を前にした時のように威厳と緊張で、心が引き締まる思いがします。少し月日がたち、茶色に変わった竹垣は落ち着きを見せ、庭や建物に溶けこんだ調和を見せ始めます。さらに朽ち始め、あるいは、すっかり朽ちて、縄も切れ、カビや苔で変色した竹垣も自然の一部となり、さらに異った趣で、ある種の美しさを感じることがあります。竹垣そのものの美しさ、佗びやさびの世界で生き続ける竹垣。自然に帰って何か哀れや寂しさを感じる竹垣。このように同じ竹垣も時間の経過によって、その都度、違った興味を持ちながら撮影してきました。この本では、竹垣の代表的な基本の型とその例を紙面の許すかぎり多く収録する方向で編集いたしましたので、個々の写真が必ずしも事例としては適当かつ内容の濃いものばかりとはなり得なかったのが残念ですが、しかし普段なにげなく見すごしている竹垣にも、基本型があり、地域や周囲の条件によって変化し、ひとつひとつが異なった面を持っていることに興味を感じ、何らかの参考としてお役に立てていただければ幸いに思います。最後に、この本に文章を添えてくださいました日本庭園研究会会長・吉河功氏には、多くのご助言、ご指導いただきまして深く感謝いたしております。さらに出版の労をいただき、度々のご相談をお願いしましたグラフィック社編集部長・岡本義正氏、また撮影に際しましては快く許可をいただきました方々に、心からお礼を申し上げます。ありがとうございました。

（鈴木おさむ）

■使用機材

リンホフ、テヒニカ４×５	スーパーアンギュロン	90mm
	フジノンW	150mm
	ジンマーS	210mm
アサヒペンタックス６×７	タクマー	90mm
	〃	50mm
ハッセルブラッド500C	プラナー	90mm
	S-プラナー	120mm
ニコンF-2	ニッコール	35mm
	〃	85mm
	〃	180mm

鈴木おさむ

1943年　中国瀋陽生まれ。
　　　　福岡大学法学部卒業。千代田写真専門学校卒業。
1973年　ファッションメーカーのカメラマンとして勤務。
　　　　現在フリーランス。

吉河　功

1940年　東京都生まれ。
　　　　芝浦工業大学建築学科卒業。
1963年　日本庭園研究会を創立。現在同会会長。吉河功
　　　　庭園研究室代表。日本庭園研究家、作庭家、石
　　　　造美術品設計家、等として活躍中。
主要著作　『日本庭園図説』『竹垣』『日本の名園手法』
　　　　『京の庭』『竹垣石組図解事典』その他。

竹垣のデザイン

1988年3月25日　　初版第1刷発行
定　価　　3,800円
著　者　　鈴木おさむ
　　　　　吉河　功
発行者　　久世利郎
発行所　　株式会社グラフィック社
　　　　　〒102 東京都千代田区九段北1-9-12
　　　　　電話 03-263-4310
　　　　　Fax 03-263-5297
　　　　　振替・東京3-114345
写　植　　三和写真工芸株式会社
印刷所　　錦明印刷株式会社
製本所　　有限会社山越製本所

落丁・乱丁本はお取替え致します

ブックデザイン　田中成典（ホワイト・スペース）

ISBN4-7661-0474-9 C3071 ¥3800E